财务精英

进阶手册

财务会计必备公式
实操大全

罗 浩◎编著

中国铁道出版社有限公司
CHINA RAILWAY PUBLISHING HOUSE CO., LTD.

图书在版编目（CIP）数据

财务精英进阶手册：财务会计必备公式实操大全 / 罗浩
编著 . — 北京：中国铁道出版社有限公司，2022.7
ISBN 978-7-113-29003-0

Ⅰ. ①财… Ⅱ. ①罗… Ⅲ. ①财务会计 Ⅳ. ① F234. 4

中国版本图书馆 CIP 数据核字（2022）第 045885 号

书　　名：**财务精英进阶手册：财务会计必备公式实操大全**
CAIWU JINGYING JINJIE SHOUCE: CAIWU KUAIJI BIBEI GONGSHI SHICAO DAQUAN

作　　者：罗　浩

责任编辑：王　佩　　　　编辑部电话：（010）51873022　　　　邮箱：505733396@qq.com
封面设计：宿　萌
责任校对：焦桂荣
责任印制：赵星辰

出版发行：中国铁道出版社有限公司（100054，北京市西城区右安门西街 8 号）
印　　刷：三河市宏盛印务有限公司
版　　次：2022 年 7 月第 1 版　2022 年 7 月第 1 次印刷
开　　本：710 mm×1 000 mm　1/16　印张：16.25　字数：192 千
书　　号：ISBN 978-7-113-29003-0
定　　价：69.80 元

前言

很多人认为，财会工作就是简单看着单据和凭证记账，甚至一些正在从事财会相关工作的人员也都这么认为，但实际工作并不是这样。财会工作涉及方方面面的经济信息，而想要会计信息有其利用价值，就必须要求财会人员能够整理出直观、有效的财务数据，在这一过程中少不了的工作就是"算"。

计算，对财会人员来说至关重要，计算出错就可能导致最终的会计信息出错，进而给会计信息使用者提供不实的企业财务状况，这不仅会影响企业管理者做出正确的经营决策，也可能对外界各方了解企业发展造成误导。

因此，财会人员必须要掌握一些必备公式，使自己在工作中能更加得心应手。而且，在财务管理层面的工作中会涉及众多的计算、统计、分析和判断，相关公式的运用甚至比在日常的财会工作中运用得更多。对于一些想要在财会工作上有更进一步发展的人来说，掌握财务管理方面的计算公式就显得必不可少了。

为了帮助财会人员提高工作效率，同时满足一些想要成为财务精英的人群的学习要求，笔者编著了本书，将财会工作中各个方面可能涉及的必备财务公式进行了详细介绍，且每个计算公式都搭配了相应的案例进行分析讲解，让读者可以轻松掌握财务公式，并将其运用到实际工作中，丰富自己的知识面，同时也提高自身的工作技能。

本书共 9 章，划分为四部分。

◆ 第一部分为第 1 章，这部分主要介绍一些财务入门公式，也就是从事财会工作必须要知道的一些会计恒等式和对账、查账公式。掌握这些公式，可更细致地了解财会工作内容和工作原则。

◆ 第二部分为第 2～5 章，这部分从财务报表项目入手，介绍与资产、负债、所有者权益、成本和费用、收入以及利润等项目有关的计算公式，使财会人员可以更准确地登记账簿并计算填列财务报表。

◆ 第三部分为第 6～7 章，这部分主要介绍与员工利益息息相关的工资、社保和住房公积金的计缴知识，通过学习这些方面的计算公式，财会人员和企业员工可清楚地了解自己的工资组成和社保、住房公积金的缴存情况。

◆ 第四部分为第 8～9 章，这部分是本书的难点，也是内容的升华，主要介绍财务管理中财务指标计算和投融资管理中必须要知道的计算公式。要想提升财会工作能力，这些计算公式非常有用。

本书列举了财会工作中各个方面可能涉及的计算公式，且相应地搭配了案例讲解和分析，并在适当的时候穿插了一些知识拓展内容，补充说明了与必备公式有联系的一些其他计算公式，使内容更丰富完整，使读者在阅读学习时更系统、更连贯。

最后，希望所有读者都能从本书中学到想学的知识，快速掌握必备的财务公式，并轻松地将其运用到自己的工作中。

编者

2021 年 10 月

目录

第1章 必须掌握的财务入门公式

第2章　各类资产的财务公式

第3章　负债和所有者权益的核算公式

第4章 其他财务处理时常用的计算公式

第5章　核算成本与利润的必要公式

第6章　工资、社保和住房公积金的计算

第7章 计缴税费和核算公式

第8章　财务指标分析的计算公式

第9章　投融资管理的实用公式

第1章

必须掌握的财务入门公式

日常财会工作中，财会人员需要与众多财务数据打交道，不仅要记录数据，还要计算数据，甚至还要做数据分析，这些工作的开展必然需要财会人员掌握一定的财务公式。由于各个方面的财会工作的难易程度不尽相同，所以涉及的财务公式也有繁简之分。本章先来学习财会工作中必须要掌握的一些入门公式。

一、反映资产结构的会计恒等式

资产结构是指企业总资产中各种资产的组成情况，通过如下所示的会计恒等式可以了解企业资产的组成情况：

$$资产＝负债+所有者权益$$

该公式是财务管理中最基本的公式，任何涉及财会知识的人都必须掌握。公式中的"资产"就是指企业因过去的交易或事项形成的，由其拥有或控制的，预期会给企业带来经济利益的总资产（或总资源）；"负债"是指企业过去的交易或事项形成的，预期会导致经济利益流出企业的现时义务；"所有者权益"是指企业总资产在扣除了负债后由所有者享有的剩余权益。

为什么说该会计恒等式可以反映企业的资产结构呢？

实际上，企业的负债就是企业占用供应商或其他债权人的资金，是企业资产的来源之一，在偿还之前就属于企业的资产，可理解为"债务资产"或"债务资本"，但因为其本质上需要企业在后期一定时间内偿还，所以也叫作"负债"。而"所有者权益"是投资者投入企业的资金和通过经营获利留存在企业内部的收益，是企业资产的另一来源，也称为"净资产"。

在财会工作中，该会计恒等式最常用的情形就是初步检查资产负债表的正确性。下面来看一个具体案例。

【案例1-1】利用恒等式初步检查资产负债表数据

某公司 2020 年 6 月底编制了图 1-1 所示的资产负债表。财会人员通过前述会计恒等式初步检查报表中的数据是否正确。

资产负债表

单位名称：××有限公司　　　　　　　　　　2020年06月30日　　　　　　　　　　单位：元

资产	期末余额	年初余额	负债和所有者权益（或股东权益）	期末余额	年初余额
流动资产：			流动负债：		
货币资金	35 278 234.22	9 602 135.77	短期借款	800 000.00	500 000.00
交易性金融资产			交易性金融负债		
应收票据	256 037.14		应付票据	204 750.00	
应收账款	6 843 560.00	7 743 076.80	应付账款	18 021 359.90	11 648 879.31
预付款项	201 846.00	482 260.00	预收款项	1 102 354.33	908 967.20
应收利息			应付职工薪酬	498 037.00	400 000.00
应收股利			应交税费	463 172.28	402 301.19
其他应收款	627 510.88	33 500.00	应付利息	40 000.00	
存货	16 346 290.48	15 542 834.46	应付股利		
一年内到期的非流动资产			其他应付款		
其他流动资产			一年内到期的非流动负债	1 000 000.00	
流动资产合计	59 553 478.72	33 403 807.03	其他流动负债		
非流动资产：			流动负债合计	22 129 673.51	13 860 147.70
债权投资			非流动负债：		
其他债权投资			长期借款	1 500 000.00	2 500 000.00
长期应收款			应付债券		
长期股权投资	5 500 000.00	5 000 000.00	长期应付款		
投资性房地产			专项应付款		
固定资产	5 743 996.12	5 134 794.17	预计负债		
在建工程			递延所得税负债		
工程物资			其他非流动负债		
固定资产清理			非流动负债合计	1 500 000.00	2 500 000.00
生产性生物资产			负债合计	23 629 673.51	16 360 147.70
油气资产			所有者权益（或股东权益）：		
无形资产			实收资本（或股本）	40 000 000.00	25 000 000.00
开发支出			资本公积	4 032 000.00	1 032 000.00
商誉			减：库存股		
长期待摊费用			盈余公积		120 000.00
递延所得税资产			未分配利润	2 793 824.70	1 026 453.50
其他非流动资产			所有者权益（或股东权益）合计	46 825 824.70	27 178 453.50
非流动资产合计	11 243 996.12	10 134 794.17			
资产总计	70 797 474.84	43 538 601.20	负债及所有者权益（或股东权益）总计	70 455 498.21	43 538 601.20

图 1-1　半年度资产负债表

从上图所示的资产负债表可以知道该公司2020年上半年的资产、负债和所有者权益的情况。根据"资产＝负债＋所有者权益"恒等式来检查该报表中的数据是否填列正确。

2020年年初资产总额为43 538 601.20元，负债总额为16 360 147.70元，所有者权益总额为27 178 453.50元，16 360 147.70＋27 178 453.50＝43 538 601.20元，也就是说，2020年年初的资产结构符合"资产＝负债＋所有者权益"恒等式，可初步判断该公司 2020 年年初的财务状况数据没有错误。

而 2020 年 6 月底资产总额为 70 797 474.84 元, 负债总额为 23 629 673.51 元, 所有者权益总额为 46 825 824.70 元。此时, 23 629 673.51+46 825 824.70= 70 455 498.21 ≠ 70 797 474.84, 也就是说, 2020 年 6 月底的资产结构不符合"资产 = 负债 + 所有者权益"恒等式, 可以肯定的是该公司 6 月底的财务状况数据填写有误。

在会计实务中, 由于经济业务的发生, 使得该会计恒等式出现九种变换类型, 具体见表 1-1。

表 1-1 实务中恒等式的九种变换类型

条目	类　型	说　明
1	资产（↑↓）= 负债 + 所有者权益	某项经济业务引起企业的一项资产增加,同时另一项资产等额减少。比如从银行提取现金或将多余的现金送存银行
2	资产 = 负债（↑↓）+ 所有者权益	某项经济业务引起企业的一项负债增加,同时另一项负债等额减少。比如向供应商开具商业汇票偿付前欠货款
3	资产 = 负债 + 所有者权益（↑↓）	某项经济业务引起企业的一项所有者权益增加, 同时另一项所有者权益等额减少。比如用盈余公积转增资本或弥补以前年度亏损
4	资产 = 负债（↑）+ 所有者权益（↓）	某项经济业务引起企业的一项负债增加, 同时一项所有者权益等额减少。比如向投资者分配现金股利
5	资产 = 负债（↓）+ 所有者权益（↑）	某项经济业务引起企业的一项负债减少, 同时一项所有者权益等额增加。比如债务重组过程中实施债权转股权

条目	类　　型	说　　明
6	资产（↑）= 负债（↑）+ 所有者权益	某项经济业务引起企业的一项资产增加，同时一项负债等额增加。比如向银行借入短期借款或长期借款，收回应收账款
7	资产（↑）= 负债 + 所有者权益（↑）	某项经济业务引起企业的一项资产增加，同时一项所有者权益等额增加。比如接受投资者投入的现金或实物资产
8	资产（↓）= 负债（↓）+ 所有者权益	某项经济业务引起企业的一项资产减少，同时一项负债等额减少。比如用银行存款偿还短期借款、长期借款或应付账款
9	资产（↓）= 负债 + 所有者权益（↓）	某项经济业务引起企业的一项资产减少，同时一项所有者权益等额减少。比如投资者减少或撤回投资，或者企业回购本公司的股票

二、企业的资产与权益相等

会计学上的权益就是指资产，属于所有人的权益称为所有者权益，属于债权人的权益叫作债权人权益，两者的总和就是"权益"。财会知识中，债权人权益就是负债。为什么说资产与权益相等呢？实际上，它是"资产 = 负债 + 所有者权益"恒等式的变形。

由于负债 = 债权人权益，所以：

$$资产＝债权人权益＋所有者权益$$

而债权人权益＋所有者权益＝权益，因此：

$$资产＝权益$$

【案例1-2】资产由债权人权益和所有者权益组成

某公司 2020 年 6 月底编制的资产负债表中，主要项目的期末余额情况见表 1-2。

表 1-2　资产负债表主要项目的期末余额　　　　单位：万元

项目	期末余额	项目	期末余额
货币资金	43 580.99	流动负债合计	158 774.07
流动资产合计	986 586.41	非流动负债合计	0.00
非流动资产合计	121 517.28	负债合计	158 774.07
资产总计	1 108 103.69	所有者权益合计	949 329.62

通过上表所示的数据，可以进行如下计算分析：

"负债合计"就是该公司 6 月底账面上体现的债权人权益，为 158 774.07 万元，而"所有者权益合计"就是公司 6 月底账面上体现的所有者权益，共 949 329.62 万元。由于"债权人权益＋所有者权益＝权益"，所以计算如下。

公司权益=158 774.07+949 329.62=1 108 103.69=资产总计

那么，该公司 2020 年 6 月底账面上的资产与权益相等，说明该公司的财务管理符合"资产＝负债＋所有者权益"的恒等关系。

知识延伸 | 什么是股东权益

股东权益实际上就是所有者权益，更准确地说，它是股份公司的所有者权益。相应地，股份公司对所有者权益的称呼一般为"股东权益"。股东权益包括实缴股本和留存收益，其与资产、负债的关系为，股东权益=净资产=资产总额-负债总额。

三、体现收支关系的会计等式

收支关系即企业经营过程中收入与支出之间的关系，它们之间存在如下会计等式：

$$收入-费用=利润$$

该会计等式中，"费用"包含了会计核算中的费用和成本，即所有支出项；而利润就是我们俗称的结余，因此该等式可做如下变换：

$$收入-支出=结余$$

该会计等式内包含了经济活动的动态情况，直观地反映企业当期获取的收入与发生的费用的大小关系，若收入大于费用，则利润为正，企业经营表现为盈利；若收入小于费用，则利润为负，企业经营表现为亏损。

但会计核算过程中，企业的利润有"营业利润"、"利润总额"和"净利润"之分，营业利润为正不代表利润总额就为正，也就不能说明企业经营最终是盈利的。

注意无论是哪种情形，在计算的过程中均遵循"收入－费用＝利润"的原则，根据企业当期获得的收入与发生的费用，计算出各种利润数据，从而判断企业的收支关系和盈利情况。

下面通过一个具体的案例来了解企业经营的收支关系。

【案例1-3】分析收入、成本、费用和利润的关系

表1-3所示的是某企业2020年9月和10月利润表的简化结构。

表 1-3　简化的利润表及项目数据　　　　　单位：万元

项目	本期数（10 月）	本期数（9 月）
一、营业收入	500.00	320.00
减：营业成本	300.00	260.00
销售费用	28.00	20.20
管理费用	43.20	30.60
财务费用	2.60	1.30
二、营业利润（亏损以"－"号填列）	126.20	7.90
加：营业外收入	1.20	——
减：营业外支出	30.00	10.00
三、利润总额（亏损以"－"号填列）	97.40	−2.10
减：所得税费用	24.35	0.00
四、净利润（亏损以"－"号填列）	73.05	−2.10

从上表中的净利润数据可知，该企业 2020 年 9 月净利润为 −2.10 万元，即亏损了 2.10 万元；而 10 月净利润为 73.05 万元，即盈利了 73.05 万元。针对营业利润、利润总额和净利润，分别分析收入与费用之间的关系。

①从营业利润看企业收入与费用的关系。

在计算企业的营业利润时，收入包括营业收入，费用则包括营业成本、销售费用、管理费用和财务费用，即

费用=300.00+28.00+43.20+2.60=373.80（万元）

利润= 收入－费用=500.00−373.80=126.20（万元）

此时，企业利润为正，表明企业经营盈利。同理，该企业 9 月在计算营业利润时，收入为 320.00 万元，而

费用=260.00+20.20+30.60+1.30=312.10（万元）

利润＝收入－费用=320.00－312.10=7.90（万元）

此时，企业利润仍为正，表明企业经营盈利。

②从利润总额看企业收入与费用的关系。

在计算企业的利润总额时，收入包括营业收入和营业外收入，费用则包括营业成本、销售费用、管理费用、财务费用和营业外支出，即

收入=500.00+1.20=501.20（万元）

费用=300.00+28.00+43.20+2.60+30.00=403.80（万元）

利润=收入－费用=501.20－403.80=97.40（万元）

此时，企业利润为正，表明企业经营盈利。同理，该企业9月在计算利润总额时的收入为320.00万元，而

费用=260.00+20.20+30.60+1.30+10.00=322.10（万元）

利润=收入－费用=320.00－322.10=－2.10（万元）

此时，企业利润为负，表明企业经营亏损。这就是为什么前述内容所说的"营业利润为正不代表利润总额就为正，也并不能说明企业经营最终是盈利的"。

③从净利润看企业收入与费用的关系。

在计算企业的净利润时，收入包括营业收入和营业外收入，费用则包括营业成本、销售费用、管理费用、财务费用、营业外支出和所得税费用，即

收入=501.20（万元）

费用=300.00+28.00+43.20+2.60+30.00+24.35=428.15（万元）

利润=收入－费用=501.20－428.15=73.05（万元）

此时，企业利润为正，表明企业经营最终盈利。而企业9月由于利润总额为负，因此不需要缴纳企业所得税，最终亏损的金额就为2.10万元。

营业收入是企事业单位从事主营业务或主营业务以外的其他日常经营业务所取得的收入，即包括主营业务收入和其他业务收入。

营业收入＝主营业务收入＋其他业务收入

根据"营业利润＝营业收入－营业成本－其他费用"，可以得出如下公式。

营业利润＝主营业务收入－主营业务成本＋其他业务收入－其他业务成本－其他费用

四、试算平衡公式检查账目的正误

试算平衡是指根据借贷记账法的记账规则和资产与权益的恒等关系，通过对所有账户的发生额和余额进行汇总、计算和比较，来检查账户记录是否正确的一种方法。试算平衡主要有两类：一是发生额试算平衡；二是余额试算平衡。

（1）发生额试算平衡

发生额试算平衡是指全部账户的本期借方发生额合计数与全部账户本期贷方发生额合计数保持平衡。涉及的计算公式如下：

全部账户本期借方发生额合计＝全部账户本期贷方发生额合计

发生额试算平衡的直接依据是借贷记账法的记账规则，即"有借必有贷，借贷必相等"。下面通过具体的案例来学习试算平衡公式的运用。

【案例1-4】发生额平衡检查所有账户借贷金额

表1-4所示的是某公司2020年10月初相关账户的余额情况。

表 1-4　10 月初公式会计科目余额情况　　　　单位：元

资产	借方余额	负债和所有者权益	贷方余额
货币资金	3 000.00	短期借款	500 000.00
银行存款	1 060 000.00	应付账款	70 000.00
存货	300 000.00	其他应付款	20 000.00
应收账款	400 000.00	实收资本	2 000 000.00
固定资产	1 000 000.00	资本公积	55 000.00
—	—	盈余公积	35 000.00
—	—	未分配利润	83 000.00
合计	2 763 000.00	合计	2 763 000.00

已知该公司 10 月发生了如下经济业务：

①从银行提取现金 2 000.00 元补充库存现金，会计分录如下：

借：库存现金　　　　　　　　　　　　　　　　　2 000.00

　　贷：银行存款　　　　　　　　　　　　　　　　　　2 000.00

②购入生产用原材料，不含税价款 50 000.00 元，货款尚未支付，增值税税率为 13%，发票注明税额 6 500.00 元，会计分录如下：

借：原材料　　　　　　　　　　　　　　　　　　50 000.00

　　应交税费——应交增值税（进项税额）　　　　6 500.00

　　贷：应付账款——××　　　　　　　　　　　　56 500.00

③向供应商支付前欠货款 60 000.00 元，银行存款付讫，会计分录如下：

借：应付账款　　　　　　　　　　　　　　　　　60 000.00

　　贷：银行存款　　　　　　　　　　　　　　　　　60 000.00

④向客户售出产品，不含税售价 75 000.00 元，货款尚未收到，增值税税率为 13%，发票注明税额 9 750.00 元，会计分录如下：

借：应收账款——××　　　　　　　　　　　　　84 750.00

　　　　贷：主营业务收入　　　　　　　　　　　　　　　　　75 000.00

　　　　　　应交税费——应交增值税（销项税额）　　　　　9 750.00

根据上述经济业务，编制试算平衡表，本期发生额试算平衡见表1-5。

表1-5　10月发生额试算平衡　　　　　　单位：元

会计科目	期初余额		本期发生额	
	借方	贷方	借方	贷方
库存现金	3 000.00		2 000.00	
银行存款	1 060 000.00			62 000.00
存货	300 000.00		50 000.00	
应收账款	400 000.00		84 750.00	
固定资产	1 000 000.00			
短期借款		500 000.00		
应付账款		70 000.00	60 000.00	56 500.00
应交税费			6 500.00	9 750.00
其他应付款		20 000.00		
主营业务收入				75 000.00
实收资本		2 000 000.00		
资本公积		55 000.00		
盈余公积		35 000.00		
未分配利润		83 000.00		
合计	2 763 000.00	2 763 000.00	203 250.00	203 250.00

　　从上表所列的数据可以看出，该公司10月的全部账户借方发生额合计为
203 250.00元，全部账户贷方发生额合计为203 250.00元，说明当月发生额
试算平衡，可初步判断账目没有错误。

（2）余额试算平衡

　　余额试算平衡是指全部账户的借方期末或期初余额合计数与全部账户贷

方期末或期初余额合计数保持平衡。涉及的计算公式如下：

全部账户借方期末余额合计＝全部账户贷方期末余额合计

全部账户借方期初余额合计＝全部账户贷方期初余额合计

余额试算平衡的直接依据是财务状况恒等式，即"资产＝负债＋所有者权益"。沿用前一个案例的数据，来看该公司的余额试算是否平衡。

【案例1-5】余额平衡检查所有账户的计算是否有误

根据案例 1-4 中的表 1-4 和表 1-5，编制表 1-6 所示的试算平衡表。

表1-6　10月发生额和余额试算平衡　　　　　　　单位：元

会计科目	期初余额		本期发生额		期末余额	
	借方	贷方	借方	贷方	借方	贷方
库存现金	3 000.00		2 000.00		5 000.00	
银行存款	1 060 000.00			62 000.00	998 000.00	
存货	300 000.00		50 000.00		350 000.00	
应收账款	400 000.00		84 750.00		484 750.00	
固定资产	1 000 000.00				1 000 000.00	
短期借款		500 000.00				500 000.00
应付账款		70 000.00	60 000.00	56 500.00		66 500.00
应交税费			6 500.00	9 750.00		3 250.00
其他应付款		20 000.00				20 000.00
主营业务收入				75 000.00		75 000.00
实收资本		2 000 000.00				2 000 000.00
资本公积		55 000.00				55 000.00
盈余公积		35 000.00				35 000.00
未分配利润		83 000.00				83 000.00
合计	2 763 000.00	2 763 000.00	203 250.00	203 250.00	2 837 750.00	2 837 750.00

从上表所列的数据可以看出，该公司 10 月的全部账户借方余额合计数为

2 837 750.00 元，全部账户贷方余额合计为 2 837 750.00 元，说明当月余额试算平衡，可初步判断所有账户的计算没有错误。

五、借贷记账法下不同类账户的余额计算公式

如果在学习第四个会计计算公式时，不知道案例 1-5 中的表 1-6 的账户余额是怎么计算得来的，那么通过对本节介绍的计算公式的学习即可明白。

首先了解什么是借贷记账法，它是以"借"和"贷"为记账符号，在两个或两个以上账户的相反方向以相等金额进行记录的复式记账法。

该记账方法的记账依据是财务状况恒等式"资产＝负债＋所有者权益"。账户中登记本期增加的金额，为本期增加发生额；登记本期减少的金额，为本期减少发生额；增减相抵后的差额，为本期余额。根据会计时间点的不同，余额又分为期初余额和期末余额。涉及的基本计算公式有如下一些：

本期期末余额＝期初余额＋本期增加发生额－本期减少发生额

本期借方发生额＝本会计期间某会计账户的借方发生额合计数

本期贷方发生额＝本会计期间某会计账户的贷方发生额合计数

本期期初余额＝上期期末余额

然而，在实际工作中，不同类型的账户其余额计算公式有所不同。

①资产类、费用类和成本类账户的余额计算。

本期期末余额＝本期期初余额＋本期借方发生额合计－本期贷方发生额合计

②负债类、所有者权益类和收入类账户的余额计算。

本期期末余额＝本期期初余额＋本期贷方发生额合计－本期借方发生额合计

下面通过具体的案例分析来了解各类账户的余额计算。

【案例1-6】六大类账户的余额计算

前述表1-6中列示的各账户中，类型的划分如下：

①资产类账户：库存现金、银行存款、存货、应收账款和固定资产。

②负债类账户：短期借款、应付账款、应交税费和其他应付款。

③所有者权益类账户：实收资本、资本公积、盈余公积和未分配利润。

④收入类账户：主营业务收入。

因此，根据各类账户的期末余额计算公式，可得出如下计算结果。

库存现金期末余额＝3 000.00+2 000.00-0.00＝5 000.00（元）

银行存款期末余额＝1 060 000.00+0.00-62 000.00＝998 000.00（元）

存货期末余额＝300 000.00+50 000.00-0.00＝350 000.00（元）

应收账款期末余额＝400 000.00+84 750.00-0.00＝484 750.00（元）

固定资产期末余额＝1 000 000.00+0.00-0.00＝1 000 000.00（元）

短期借款期末余额＝500 000.00+0.00-0.00＝500 000.00（元）

应付账款期末余额＝70 000.00+56 500.00-60 000.00＝66 500.00（元）

应交税费期末余额＝0.00+9 750.00-6 500.00＝3 250.00（元）

其他应付款期末余额＝20 000.00+0.00-0.00＝20 000.00（元）

主营业务收入期末余额＝0.00+75 000.00-0.00＝75 000.00（元）

实收资本期末余额＝2 000 000.00+0.00-0.00＝2 000 000.00（元）

资本公积期末余额＝55 000.00+0.00-0.00＝55 000.00（元）

盈余公积期末余额＝35 000.00+0.00-0.00＝35 000.00（元）

未分配利润期末余额=83 000.00+0.00−0.00=83 000.00（元）

算出的这些会计账户期末余额对应表1−6中的最后两列数据，根据余额所在的方向分别填入了账户对应的借方或贷方。

需要特别注意的是，如果根据公式计算出的余额为负数，则表明会计账户的期末余额的方向与期初余额的方向相反。

另外，"主营业务收入"账户在实务中由于会在期末进行损益结转，所以该账户实际上期末应该是没有余额的，这里有余额是因为题中已知条件没有进行损益结转，不影响正常学习。

至此，财会工作涉及的入门公式就大概介绍完毕，在后续的章节中，将针对企业财会工作中的具体业务方向介绍具体的计算公式。

第 2 章

各类资产的财务公式

资产是企业经营管理的资源，它代表着企业对相应物资的所有权。通过资产，企业可以实现财富的保值和增值，因此，资产的核算对企业来说至关重要。企业的资产有很多种，大致分成了流动资产和非流动资产两大类。不同性质的资产，在经营管理过程中发挥的作用显然是不同的，从而导致其核算方法也不同。本章就来具体认识一些常见资产的计算公式，方便财会人员在工作中使用。

一、核算企业的货币资金的计算公式

货币资金是指企业拥有的、以货币形式存在的资产，它包括企业的库存现金、银行存款和其他货币资金。由此可知，企业货币资金的计算公式如下：

货币资金＝库存现金＋银行存款＋其他货币资金

货币资金是企业资金运动的起点，也是终点，更是企业生产经营的先决条件。随着生产和再生产过程的进行，货币收支业务就会频繁出现，为了能更好地核算企业货币资金的收、支及结存情况，准确地填列资产负债表中的"货币资金"项目，掌握计算公式很有必要。

知识延伸｜什么是其他货币资金

其他货币资金是指企业除库存现金和银行存款以外的货币资金，包括外埠存款、银行汇票存款、银行本票存款、信用证保证金存款、信用卡存款和存出投资款等内容。

①外埠存款是指企业到外地进行临时采购时，由经营所在地银行汇往采购地银行开立采购专户的款项。

②银行汇票存款是指企业为了取得银行汇票而按照规定存入银行的款项。

③银行本票存款是指企业为了取得银行本票而按照规定存入银行的款项。

④信用证保证金存款是指企业存入银行作为信用证保证金专户的款项。

⑤信用卡存款是指企业为了取得信用卡而按照规定存入银行的款项。

⑥存出投资款是指企业已经存入证券公司但尚未进行投资的款项。

实务中，只要账务处理正确且规范，货币资金的核算工作就会比较简单。下面从一个简单的案例出发，学习货币资金的计算。

【案例2-1】核算企业货币资金的数额

2020 年 10 月，某公司的库存现金期初借方余额 5 000.00 元，银行存款期初借方余额 1 200 000.00 元，其他货币资金期初借方余额 300 000.00 元。已知当月公司库存现金借方发生额为 6 000.00 元，贷方发生额为 3 000.00 元；银行存款借方发生额为 453 000.00 元，贷方发生额为 268 000.00 元；其他货币资金借方发生额 200 000 元。计算 10 月末该公司的货币资金数额。

库存现金期末余额=5 000.00+6 000.00−3 000.00=8 000.00（元）

银行存款期末余额=1 200 000.00+453 000.00−268 000.00=1 385 000.00（元）

其他货币资金期末余额=300 000.00+200 000.00=500 000.00（元）

货币资金期末余额=8 000.00+1 385 000.00+500 000.00=1 893 000.00（元）

另外，由已知条件还可算出该公司 10 月初的货币资金数额，即

货币资金期初余额=5 000.00+1 200 000.00+300 000.00=1 505 000.00（元）

由此可见，10 月该公司的货币资金增加了。

二、最佳现金持有量的确定

最佳现金持有量是指现金满足企业生产经营所需，且现金使用效率和效益最高时的现金最低持有量。更专业的说法是，能够使现金管理的机会成本和转换成本之和保持最低的现金持有量。

确定企业的最佳现金持有量的方法有很多种，常用的有成本模型法和存货模型法。这两种方法可以量化最佳现金持有量，且量化计算不复杂。下面就详细介绍如何利用这两种方法来为企业确定最佳现金持有量。

（1）成本模型下的最佳现金持有量

成本模型下，使得持有现金所发生的管理成本、机会成本和短缺成本之和最低的现金数额，就是最佳现金持有量。关于这三项成本，相关说明见表2-1。

表 2-1　持有现金会发生的成本

相关成本	含义	与现金持有量的关系
管理成本	因持有一定数量的现金而发生的管理费用	一般认为是固定成本
机会成本	因持有一定数量的现金而丧失的再投资收益	成正比
短缺成本	因现金持有量不足且无法及时通过有价证券变现来补充而给企业造成的损失	成反比

最佳现金持有量=（管理成本+机会成本+短缺成本）最低时的现金持有量

为了更形象地理解该模型确定最佳现金持有量的原理，通常使用图2-1所示的象限图来表示各成本与现金持有量的关系。

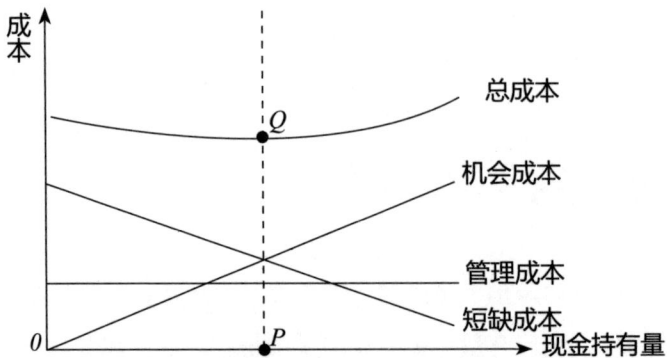

图 2-1　成本模型下的最佳现金持有量分析

在该模型图中，Q 点即为总成本最低的成本数，而其对应的横轴 P 点就是使现金持有总成本最低的现金持有量，即最佳现金持有量。由图可知，在企业增加现金持有量时机会成本会不断增加，而短缺成本会不断减少。

【案例2-2】通过分析持有现金总成本来确定最佳现金持有量

已知某公司的相关财会人员给出了 4 种现金持有方案，对应的各种成本情况见表 2-2，现金的机会成本率为 9%。

表 2-2　持有现金的各项成本分析　　　　　单位：元

项目	方案 1	方案 2	方案 3	方案 4
现金持有量	15 000.00	30 000.00	50 000.00	80 000.00
管理成本	800.00	800.00	800.00	800.00
机会成本	1 350.00	2 700.00	4 500.00	7 200.00
短缺成本	28 000.00	18 000.00	8 000.00	6 000.00
持有总成本	30 150.00	21 500.00	13 300.00	14 000.00

表中各方案的机会成本的由来为

方案 1 机会成本=15 000.00×9%=1 350.00（元）

同理，方案 2、方案 3 和方案 4 的机会成本也是这样计算得出的。

从表中的"持有总成本"数据来看，当现金持有量为 50 000.00 元时，持有总成本最低，为 13 300.00 元，说明此时的 50 000.00 元是这 4 个现金持有方案中的最佳现金持有量。

实务中，要尽可能多地选取不同的持有量，且各持有量之间的差距要尽可能小，这样确定出的最佳现金持有量更精准。

（2）存货模型下的最佳现金持有量

存货模型在确定最佳现金持有量的运用上，其实是将存货经济订货批量模型的原理应用到确定最佳现金持有量上，所以称为"存货模型"，其着眼点是持有现金的相关成本之和最小。要想该模型在确定最佳现金持有量时发挥正确的作用，则必须满足如下四个假设前提。

◆ 企业需要的现金可通过证券变现取得，且证券变现的不确定性很小。

◆ 企业预算期内的现金需求总量可以预测。

◆ 现金的支出过程比较稳定，波动较小，且每当现金余额降至零时均通过部分证券变现来补足。

◆ 证券的利率或报酬率以及每次固定性交易费用等信息可以获取。

从上述假设可以看出，该模型在运用时不存在现金短缺问题，所以持有现金的相关成本只有机会成本和转换成本。相应计算公式如下：

$$持有现金总成本=机会成本+转换成本=\frac{P}{2} \times R + \frac{C}{P} \times S$$

在这一公式中，P 表示最佳现金持有量，R 表示有价证券的利息率（即机会成本率），C 表示一个周期内企业的现金总需求量，S 表示每次有价证券转换为现金的成本。通过一定的换算方法，可得出如下所示的最佳现金持有量计算公式：

$$最佳现金持有量 P=\sqrt{(2C \times S) \div R}$$

下面通过实际案例来看看该计算公式在确定最佳现金持有量时的运用。

【案例2-3】利用存货模型确定最佳现金持有量

已知某公司的财务部对当年现金总需求量进行了预估，大概所需现金 1 500 000.00 元。而根据市场情况，有价证券变现一次所需的费用大概为 200.00 元，现金的机会成本率为 8%。计算该公司的最佳现金持有量。

$$最佳现金持有量=\sqrt{2 \times 1\,500\,000.00 \times 200.00 \div 8\%} = 86\,602.54（元）$$

除此以外，企业还可使用随机模型或者最佳现金周期等方式来确定最佳现金持有量。在这些模型中，随机模型测出的最佳现金持有量是最精准的，但因为计算过程较复杂，所以实务中很少被运用。通过最佳现金周期来确定最佳现金持有量虽然操作较简单，但结果不够精准，因此也很少使用。

三、调节银行存款余额时会用到的计算公式

对于企业拥有的银行存款，除了自身会有专门的账簿进行收、支和结余的登记外，银行存款存入的银行也会相应地记录企业银行存款的收、支和余额情况。但因为银行收到款或支出款后才通知企业，企业的财会人员再根据银行发出的通知单登账，或者企业先收到款或支出款并做了账，然后才将款项送存银行或者向银行申请付款，所以银行记账和企业记账之间有一个时间差，由此就可能造成企业的银行存款账面余额与银行对账单上账面余额不一致的情况。

此时财会人员就需要对银行存款的未达账项进行调账，以此来看企业账目的记录是否正确。那么，先来了解银行存款的未达账项有哪些。

- ◆ **企业方的未达账项**：①银行已收、企业未做收款处理的账项；②银行已付、企业未做付款处理的账项。
- ◆ **银行方的未达账项**：①企业已收、银行未做收款处理的账项；②企业已付、银行未做付款处理的账项。

为了检查企业的银行存款账目的正确性，财会人员通常运用下列计算公式来编制银行存款余额调节表，以此作为对账工具。

银行存款企业账面余额=企业银行存款账面余额+银行已收但企业未收款－银行已付但企业未付款

银行对账单账面余额=银行对账单存款余额+企业已收但银行未收款－企业已付但银行未付款

下面就通过一个具体案例来了解调节银行存款余额的计算公式的运用。

【案例2-4】利用计算公式编制银行存款余额调节表

某公司2020年10月31日的资产负债表中银行存款的账面余额为120.06万元，而当日收到的银行对账单显示的银行存款余额为123.04万元。财会人员在逐笔核对账目后发现以下未达账项。

①10月9日公司委托银行收款，金额19.25万元，银行当天已收到，但未及时向公司发出收款通知，导致公司未做账。

②10月13日，银行代扣上月相关税费，金额8.23万元，公司未收到银行的付款通知。

③10月31日，公司将超出现金限额的库存现金1.00万元送存银行，公司银行当天没有及时入账。

④10月31日，公司向银行申请开出一张转账支票，金额11.22万元，用于支付生产设备的购买价款，银行当天未及时入账。

根据上述未达账项的情况，结合相应的计算公式，编制表2-3所示的简化银行存款余额调节表。

表2-3　银行存款余额调节表

银行存款余额调节表			
编制单位：××公司	2020年10月31日		币种：人民币
项目	金额（元）	项目	金额（元）
企业银行存款日记账余额	1 200 600.00	银行对账单余额	1 230 400.00
加：银行已收、企业未收款	192 500.00	加：企业已收、银行未收款	10 000.00
减：银行已付、企业未付款	82 300.00	减：企业已付、银行未付款	112 200.00
调节后银行存款余额	1 310 800.00	调节后银行存款余额	1 128 200.00

从表中编写的数据结果可知，该公司通过调节未达账项后，银行存款日

记账与银行对账单的余额仍然不一致，说明公司当月的银行存款账目记录有误，财会人员需通过其他方法查找错账，直至银行存款日记账账面余额与银行对账单的一致。

四、了解复杂的应收款项的计算

企业发生的应收款项体现在资产负债表中的主要有两项，即应收账款和其他应收款。资产负债表的填列并没有想象中那么简单，尤其是应收款项和应付款项。本节主要介绍应收款项的相关计算公式。

应收账款（总账）＝应收账款（明细账借方余额）＋预收账款（明细账借方余额）－应收账款应计提的坏账准备

其他应收款（总账）＝其他应收款（明细账借方余额）－其他应收款应计提的坏账准备

为什么应收账款总账的计算公式中还要加上预收账款的明细账借方余额呢？因为应收账款为资产类科目，它的余额一般在借方，而预收账款为负债类科目，其余额一般在贷方。如果在借方，则表示企业多转销的预收账款，相当于形成了一部分应收账款，这就产生了企业的一项债权，所以要在计算应收账款的总账余额时加上。

下面就通过具体的案例，来学习资产负债表中的应收款项的计算填列。

【案例2-5】分析计算填列资产负债表中的应收款项

某公司2020年10月31日，应收账款和其他应收款的账户余额情况如下：

①应收账款明细账中，借方余额为34.26万元，贷方余额为8.13万元。

②预收账款明细账中，借方余额为 6.89 万元，贷方余额为 12.82 万元。

③其他应收款明细账中，借方余额为 5.02 万元，无贷方余额。

④应收账款对应的坏账准备贷方余额为 1.30 万元，其他应收款对应的坏账准备贷方余额为 0.25 万元。

根据应收账款和其他应收款的总账计算公式可知如下余额：

应收账款（总账）=34.26+6.89-1.30=39.85（万元）

其他应收款（总账）=5.02-0.25=4.77（万元）

也就是说，公司 2020 年 10 月 31 日编制的资产负债表中，应收账款账面余额应填列 39.85 万元，其他应收款账面余额应填列 4.77 万元。

知识延伸 | 预收账款总账的计算填列

与应收款项总账的计算填列原理类似，预收账款的总账计算公式：预收账款（总账）=预收账款（明细账贷方余额）+应收账款（明细账贷方余额）。

以案例中的数据为例，预收账款总账的计算结果如下。

预收账款（总账）=12.82+8.13=20.95（万元）

五、坏账准备的计提公式

坏账准备是在采用备抵法的情况下，依据应收款项计提的一类"资金"。"坏账准备"是备抵账户，在坏账损失发生前就提取坏账准备并转作当期费用，当实际发生坏账时就直接冲减已经计提的坏账准备，同时转销相应的应收款项的余额。

在不同时期或阶段，坏账准备的计提公式是不一样的，具体内容如下：

（1）首次计提坏账准备

首次计提坏账准备时，企业直接根据期末应收账款或其他应收款的余额，乘以对应的坏账准备计提比例，就可计算出当期应计提的坏账准备，公式如下：

当期应计提的坏账准备=期末应收账款或其他应收款余额×坏账准备计提比例

【案例2-6】首次计提坏账准备的计算

在2020年9月之前，甲公司没有计提过坏账准备。9月开始按照相关规定，采用备抵法计提坏账准备。已知9月底该公司的应收账款余额为45.06万元，已知所有应收账款的坏账准备计提比例均为5%，其他应收款暂不计提坏账准备。计算9月底该公司需要计提的坏账准备有多少。

当月应计提坏账准备=450 600.00×5%=22 530.00（元）

借：信用减值损失——计提的坏账准备　　　　22 530.00

　　贷：坏账准备　　　　　　　　　　　　　　　　22 530.00

注意，企业计提的坏账准备应记入"坏账准备"科目的贷方，同时增加信用减值损失。

（2）以后期间计提坏账准备

在以前会计期间已经计提了坏账准备的前提下，以后期间再要计提坏账准备时，就需要在按照当期应收账款或其他应收款余额与坏账准备计提比例的乘积的基础上，扣除原来已经计提的坏账准备金额，公式如下：

当期应计提的坏账准备=当期期末应收账款或其他应收款款的余额×坏账准备计提比例-前期已经计提的坏账准备

需要注意的是，如果当期期末应收账款或其他应收款款的余额与坏账准备计提比例的乘积小于前期已经计提的坏账准备金额，则需要冲减一部分已经计提的坏账准备，并且不需要增加计提坏账准备。

【案例2-7】以后期间计提坏账准备的计算

已知甲公司在 2020 年 9 月底已经计提了坏账准备 22 530.00 元，10 月底公司的应收账款余额为 48.14 万元，且所有应收账款的坏账准备计提比例也为 5%。计算 10 月底该公司需要计提的坏账准备有多少。

当月应计提坏账准备=481 400.00×5%−22 530.00=1 540.00（元）

借：信用减值损失——计提的坏账准备　　　　　1 540.00

　　贷：坏账准备　　　　　　　　　　　　　　　　　1 540.00

如果公司 10 月底的应收账款余额为 38.96 万元，其他条件不变，则当月需要计提的坏账准备又是多少呢？

当月应计提坏账准备=389 600.00×5%−22 530.00=−3 050.00（元）

此时说明公司当月应计提的坏账准备小于已经计提的坏账准备，需要冲减多计提的 3 050.00 元坏账准备，编制相反会计分录。

借：坏账准备　　　　　　　　　　　　　　　　3 050.00

　　贷：信用减值损失——计提的坏账准备　　　　　3 050.00

注意，前述两个阶段的坏账准备计提公式的运用，必须建立在所有应收账款的坏账准备计提比例相等的情况下。如果应收账款的账龄区间不同，则需要使用下列计算公式来计算当期应计提的坏账准备：

◆ 首次计提坏账准备

当期应计提坏账准备=∑（期末各账龄区间的应收账款或其他应收款余额×各账龄区间坏账准备的计提比例）

◆ 以后期间计提坏账准备

当期应计提坏账准备=∑（期末各账龄区间的应收账款或其他应收款余额×各账龄区间坏账准备的计提比例）−前期已经计提的坏账准备

【案例2-8】根据应收账款的不同账龄计提坏账准备

某公司 2020 年 9 月之前没有计提过坏账准备，9 月后需要根据相关规定采用备抵法计提坏账准备。已知公司 9 月底应收账款的账面余额为 56.12 万元，其中有 30.58 万元的账龄为一年，坏账准备计提比例为 5%；剩余 25.54 万元的账龄为两年，坏账准备计提比例为 10%。计算 9 月底该公司需要计提的坏账准备有多少。

当月应计提坏账准备 = 305 800.00 × 5% + 255 400.00 × 10% = 40 830.00（元）

10 月底，公司应收账款的账面余额为 60.12 万元，其中有 34.58 万元的账龄为一年，25.54 万元的账龄为两年。

10 月底应计提坏账准备 = 345 800.00 × 5% + 255 400.00 × 10% − 40 830.00 = 2 000.00（元）

实务中企业的应收款项不太可能全部在一个账龄期间，所以为了准确计提坏账准备，企业必须严格进行应收款项的账龄管理和分析。

六、核算企业的存货的计算公式

这里"企业的存货"是指企业资产负债表中的"存货"项目，它反映的是企业期末在库、在途和在加工中的各种存货的成本或可变现净值（按照成本与可变现净值孰低来确定），主要包括各种原材料、待售商品、在产品、半成品、包装物、低值易耗品和委托代销商品等。

因此，在核算存货时，其账面余额就是这些存货对应的科目期末余额的合计数，减去"受托代销商品款"和"存货跌价准备"等科目的期末余额后的净额，将其简化成计算公式如下：

"存货"项目账面余额="材料采购""原材料""低值易耗品""库存商品""周转材料""委托加工物资""委托代销商品""生产成本"和"受托代销商品"等科目的期末余额之和－（"受托代销商品款"科目期末余额＋"存货跌价准备"科目期末余额）

注意，这个计算公式中涉及的科目期末余额均为最终总账的期末余额。其中，"受托代销商品款"科目的期末余额和"存货跌价准备"科目的期末余额均为贷方余额，如果账面上是借方余额，则公式中应加上这两个会计科目的期末余额。

【案例2-9】核算资产负债表中"存货"项目的账面余额

某公司 2020 年 10 月末，总账中"原材料"的账面余额为 25.43 万元，"库存商品"的账面余额为 18.24 万元，"低值易耗品"的账面余额为 5 082.80 元，"委托加工物资"的账面余额为 8.96 万元，"生产成本"的借方余额为 6.25 万元，无受托代销商品款和存货跌价准备。计算该公司 10 月末资产负债表中的"存货"项目的账面余额。

"存货"项目的账面余额=254 300.00+182 400.00+5 082.80+89 600.00+62 500.00=593 882.80（元）

> **知识延伸｜存货的确认**
>
> 在核算企业的存货时，一定要确认某项物资是否能确认为存货。实务中，一些比较特殊的存货是需要企业将其确认为存货的，具体内容如下：
>
> ①已经确认为购进但尚未到达企业并做入库处理的在途存货。
>
> ②已经入库但尚未收到有关结算单据的存货。
>
> ③已经发出但所有权尚未转移给购买方的存货。
>
> ④委托其他单位代销或代加工的存货。
>
> 相应地，如果已经发出且所有权已经转移给购买方的存货，企业将不能再将其确认为本企业的存货。

七、原材料采购的节约差和超支差的计算

节约差是指原材料的实际采购成本低于计划采购成本的差额；超支差是指实际采购成本高于计划采购成本的差额。要出现节约差或超支差，必然是企业采用计划成本法核算原材料的采购成本。

采购原材料时，实际采购成本用"材料采购"科目核算；原材料入库时，按照计划成本借记"原材料"科目，贷记"材料采购"科目。因此，如果实际采购成本低于计划成本，则表现为节约差，入库时还要贷记"材料成本差异"科目；如果实际采购成本高于计划成本，则表现为超支差，入库时还要借记"材料成本差异"科目。

在计算节约差和超支差时，常用的计算公式如下：

本期材料成本差异=期初结存材料的成本差异+本期验收入库材料的成本差异

材料的成本差异=实际采购成本-计划采购成本

由此可知，当材料的成本差异表现为负数时，即为节约差；反之，表现为正数时，则为超支差。

通过成本差异数额，还可以计算成本差异率，计算公式如下：

本期材料成本差异率=（期初结存材料的成本差异+本期验收入库材料的成本差异）÷（期初结存材料的计划成本+本期验收入库材料的计划成本）×100%

下面通过具体的案例来学习原材料采购的节约差和超支差的计算。

【案例2-10】采用计划成本法核算原材料并确定成本差异

某公司为增值税一般纳税人，10月购入一批材料，收到的增值税专用发

票上注明价款 120 000.00 元（不含税），增值税税额 15 600.00 元，发票已经收到。公司采用计划成本法进行材料日常核算，已知该批材料的计划成本为 126 000.00 元，期初材料的成本差异为 –8 000.00 元，计划成本为 189 000.00 元，计算公司当月的材料成本差异。

当月验收入库材料的成本差异=120 000.00–126 000.00=–6 000.00（元）

当月材料成本差异=–8 000.00+（–6 000.00）=–14 000.00（元）

也就是说，该公司 10 月的材料成本表现为节约差，共 14 000.00 元。而当月材料成本差异率为 –14 000.00÷（189 000.00+126 000.00）×100%=–4.44%。

成本差异率也为负，也说明是节约差。相关会计分录如下。

①购进原材料时，以实际采购成本入账。假设尚未支付货款。

借：材料采购——×× 材料   120 000.00

  应交税费——应交增值税（进项税额） 15 600.00

  贷：应付账款   135 600.00

②同时，按照计划成本法确认材料成本差异。

借：原材料——×× 材料   126 000.00

  贷：材料采购——×× 材料   120 000.00

    材料成本差异   6 000.00

八、怎么核算商品的进销差价率

商品的进销差价一般发生在商品流通企业中，不涉及产品的生产过程。商品进销差价是指从事商品流通的企业采用售价核算的情况下，商品售价与进价之间的差额。计算公式如下：

当次商品进销差价=商品售价-商品进价

商品进销差价率=（期初库存商品进销差价+本期购入商品进销差价）÷（期初库存商品售价+本期购入商品的售价）×100%

本期销售商品应分摊的商品进销差价=本期商品销售收入×商品进销差价率

如果是每月或者每个季度核算一次商品进销差价率和当期销售商品应分摊的商品进销差价，则商品的进销价不统一，运算起来很困难。此时可以借助会计科目的期末余额来计算，公式如下：

商品进销差价率=期末分摊前"商品进销差价"科目余额÷（"库存商品"科目期末余额+"委托代销商品"科目期末余额+"发出商品"科目期末余额+当期"主营业务收入"科目贷方发生额合计）×100%

当期销售商品应分摊的商品进销差价=当期"主营业务收入"科目贷方发生额合计×商品进销差价率

下面来看一个简单的案例，学习商品进销差价的计算。

【案例2-11】计算企业的商品进销差价率

某公司为增值税一般纳税人，10月购进一批可直接出售的商品，总价款9.25万元（不含税），收到增值税专用发票，注明税率和税额分别为13%和12 025.00元。出售时，该批商品总售价11.26万元（不含税），增值税销项税额为14 638.00元。已知10月初该公司的库存商品进销差价为5 800.00元，售价总额为7.82万元。本月销售收入为10.64万元，计算当月商品进销差价率和应分摊的商品进销差价。

当月商品进销差价率=（5 800.00+112 600.00-92 500.00）÷（78 200.00+112 600.00）×100%=13.57%

当月销售商品应分摊的商品进销差价=106 400.00×13.57%=14 438.48（元）

当月销售商品的实际成本=106 400.00-14 438.48=91 961.52（元）

当月结存商品的实际成本=78 200.00−5 800.00+92 500.00−91 961.52=72 938.48（元）

由案例可知，当计算出商品进销差价时，可进一步计算出当期销售商品的实际成本和结存商品的实际成本。

九、报表中的"长期应收款"怎么算

长期应收款是指企业融资租赁产生的应收款项和采用递延方式分期收款、实质上具有融资性质的销售商品和提供劳务等经营活动产生的应收款项。

在编制资产负债表时，"长期应收款"项目的填列需要使用到如下计算公式：

长期应收款=长期应收款账面余额−未实现融资收益−已计提的坏账准备

换句话说，资产负债表中的"长期应收款"项目按长期应收款科目余额减去未实现融资收益科目余额后的净额列示。

【案例2-12】计算某企业资产负债表中长期应收款项目的填列金额

12月底，某公司编制各会计报表，通过账簿登记结果，计算出"长期应收款"科目有借方余额87 500.00元，同时，"未实现融资收益"科目有贷方余额50.00元，长期应收款没有计提坏账准备。那么，该公司财会人员在编制资产负债表时，"长期应收款"项目的"期末余额"栏应填列的金额是多少呢？

长期应收款=87 500.00−50.00=87 450.00（元）

十、固定资产的账面余额、净值和账面价值

资产的核算并没有想象中那么简单，以固定资产为例，它有账面余额、净值和账面价值等概念，不同概念所表达的固定资产价值是不同的。具体内容见表2-4。

表2-4　固定资产的相关概念

概念	简述
固定资产账面余额	指固定资产账户的账面实际金额，是不扣除该账户相关备抵账户金额时的固定资产价值
固定资产净值	也称固定资产的折余价值，指固定资产原值减去已经计提的折旧后的净额
固定资产账面价值	指固定资产的账面净值再扣除已经计提的固定资产减值准备后的固定资产价值

由上表所示的固定资产概念，可概括出如下三个计算公式：

固定资产账面余额=固定资产账面原值

固定资产净值=固定资产账面原值－计提的累计折旧

固定资产账面价值=固定资产净值－计提的减值准备=固定资产账面原值－计提的累计折旧－计提的减值准备

为了更好地理解这三种固定资产价值，我们通过实际案例来学习。

【案例2-13】计算区分固定资产的账面余额、净值和账面价值

乙公司8月购进了一台生产设备，不含税价款为28.00万元。已知按规定其使用寿命为10年，按年限平均法计提折旧。截至10月底，该生产设备

计提了折旧共 4 666.67 元，减值准备共 800.00 元。计算 10 月底时这台生产设备的账面余额、净值和账面价值分别是多少。

由题干可知，该生产设备 9 月和 10 月分别计提了折旧。

生产设备的账面余额=账面原值=280 000.00（元）

生产设备的净值=280 000.00−4 666.67=275 333.33（元）

生产设备的账面价值=275 333.33−800.00=274 533.33（元）

实务中，主要根据"固定资产"、"累计折旧"和"固定资产减值准备"等科目的余额计算。

十一、年限平均法计提固定资产折旧的计算

年限平均法也叫直线法，是按照固定资产的使用年限平均地计提折旧的方法。因此，用这种方法计算出的每年甚至每月的折旧额是相同的。

这种方法是最简单、最普遍使用的，适用于各个时期使用情况大致相同的固定资产折旧。相关计算公式如下：

年折旧率=（1−预计净残值率）÷折旧年限

年折旧额=（固定资产原值−预计净残值）÷折旧年限=固定资产原值×年折旧率

月折旧率=年折旧率÷12

月折旧额=固定资产原值×月折旧率

根据实务中的经营情况，要选用恰当的计算公式计算固定资产的折旧数。下面来看一个具体案例。

【案例2-14】按年限平均法计提固定资产折旧

甲公司有一件与生产经营活动有关的工具，按规定其计算折旧的最低年限为 5 年。已知其账面原值为 2.40 万元，净残值为 1 000.00 元，采用年限平均法计提折旧。计算该工具的年折旧率、年折旧额、月折旧率和月折旧额。

年折旧率=（1−1 000.00÷24 000.00）÷5=19.17%

年折旧额=24 000.00×19.17%=4 600.80（元）

月折旧率=19.17%÷12=1.6%

月折旧额=24 000.00×1.6%=384.00（元）

每月计提折旧时，编制如下会计分录。

借：生产成本   384.00

  贷：累计折旧   384.00

或者还可进行如下计算：

年折旧额=（24 000.00−1 000.00）÷5=4 600.00（元）

月折旧额=4 600.00÷12=383.33（元）

上述案例中的两种算法算出的年折旧额和月折旧额不一致，原因是在计算年折旧率和月折旧率时涉及数据的四舍五入，但这不影响对该知识点的学习。后续方法在计提固定资产折旧时，也可能遇到同样的情况。

十二、工作量法计提固定资产折旧的计算

工作量法是指以固定资产能提供的工作量为单位来计算折旧额的方法。这里的工作量可以是生产设备的总工作台班或工作小时，也可以是汽车的总

行驶里程等。

工作量法实际上是平均年限法的补充和拓展，使用时"年折旧率"是固定的，通常以"单位工作量折旧额"来表示。但因为月、季度或年度的工作量不一定相等，所以月折旧额和年折旧额可能是不同的。相关计算公式如下：

单位工作量折旧额=固定资产原值×（1-净残值率）÷预计总工作量=（固定资产原值-净残值）÷预计总工作量

某项固定资产月折旧额=该项固定资产当月工作量×单位工作量折旧额

某项固定资产年折旧额=该项固定资产当年工作量×单位工作量折旧额

下面就通过具体的案例分析来学习工作量法计提固定资产折旧。

【案例2-15】按工作量法计提固定资产折旧

甲公司有一件与生产经营活动有关的工具，采用工作量法计提折旧。已知其账面原值为 2.40 万元，净残值为 1 000.00 元，预计总工作小时为 12 000 个小时。已知该工具 10 月份工作了 198 个小时，当月应计提折旧额是多少呢？

每小时折旧额=（24 000.00-1 000.00）÷12 000=1.92（元）

10 月份该工具应计提折旧额=198×1.92=380.16（元）

计提折旧的会计分录参考平均年限法的案例内容。

【案例2-16】按工作量法计提公司用车的折旧

甲公司有一台商务用车，采用工作量法计提折旧。已知其账面原值为 12.80 万元，净残值 5 120.00 元，预计总行驶里程为 700 km。10 月份该商务车行驶了 14.60 km，该车当月应计提折旧额是多少？

单位里程折旧额=（128 000.00-5 120.00）÷700=175.54（元）

10 月份该车应计提折旧额=14.60×175.54=2 562.88（元）

由于工作量法下，月折旧额和年折旧额都是不确定的，它们会随着当月和当年的工作量的变动而变动，所以实务中一般将单位工作量折旧额看成是折旧率，直接根据相应的计算公式计算出月折旧额或年折旧额即可。

从计算过程可知，工作量法和年限折旧法一样，计算时需要考虑净残值。

十三、双倍余额递减法计提固定资产折旧的计算

双倍余额递减法是指在不考虑固定资产预计净残值的情况下，将每一期固定资产的期初账面净值乘以一个固定不变的百分率，计算折旧额的一种方法。它是一种加速折旧法，从计算公式就可以看出：

年折旧率＝2÷预计使用年限

年折旧额＝固定资产净值×年折旧率

月折旧率＝年折旧率÷12

月折旧额＝固定资产净值×月折旧率

固定资产净值＝固定资产原值－累计折旧

但需要特别注意的是，该方法下固定资产的最后两个折旧年限的年折旧额要用如下计算公式核算：

每年折旧额＝（固定资产原值－累计折旧－预计净残值）÷12

由上述计算公式可知，该方法下固定资产的年折旧率基本上也算是固定值。那为什么说它是加速折旧法呢？在年限平均法下，如果不考虑固定资产的净残值率，则其年折旧率＝1÷折旧年限，与双倍余额递减法的年折旧率

计算公式相比，折旧率是年限平均法的两倍。

下面就以同样的一件固定资产为例，看双倍余额递减法下折旧的计提。

【案例2-17】按双倍余额递减法计提固定资产折旧

甲公司有一件与生产经营活动有关的工具，按规定其计算折旧的最低年限为 5 年。已知其账面原值为 2.40 万元，净残值为 1 000.00 元，采用双倍余额递减法计提折旧。计算该工具的年折旧率、年折旧额、月折旧率和月折旧额。

年折旧率=2÷5=40%

月折旧率=40%÷12=3.33%

第 1 年折旧额=24 000.00×40%=9 600.00（元）

第 1 年月折旧额=9 600.00÷12=800.00（元）

第 2 年折旧额=（24 000.00−9 600.00）×40%=5 760.00（元）

第 2 年月折旧额=5 760.00÷12=480.00（元）

第 3 年折旧额=（24 000.00−9 600.00−5 760.00）×40%=3 456.00（元）

第 3 年月折旧额=3 456.00÷12=288.00（元）

第 4 年和第 5 年每年折旧额=（24 000.00−9 600.00−5 760.00−3 456.00−1 000.00）÷2=2 092.00（元）

第 4 年和第 5 年每年的月折旧额=2 092.00÷12=174.33（元）

每月计提折旧的会计分录参照平均年限法的案例内容。

注意，如果每年的月折旧额通过月折旧率直接计算，则算出的结果会与案例中的计算结果有微小的差异，是正常的。

从实际计算过程看，双倍余额递减法也并不是完全不考虑固定资产的净残值，只不过实务中只在计提折旧的最后两年考虑。

十四、年数总和法计提固定资产折旧的方法

年数总和法指用固定资产原值减去预计净残值后的净额，乘以一个逐年递减的分数，计算折旧额的方法。该方法中的"逐年递减的分数"就是折旧率。年数总和法也是一种加速折旧法，相关计算公式如下：

年折旧率=（预计使用年限−已使用年限）÷[预计使用年限×（预计使用年限+1）÷2]×100%=尚可使用年限÷预计使用年限的年数总和×100%

年折旧额=（固定资产原值−预计净残值）×年折旧率

由计算公式可知，年数总和法的年折旧率是逐年递减的。而计提折旧的依据是不变的，即为"固定资产原值 − 预计净残值"。下面来看一个实例。

【案例2-18】按年数总和法计提固定资产折旧

甲公司有一件与生产经营活动有关的工具，按规定其计算折旧的最低年限为 5 年。已知其账面原值为 2.40 万元，净残值为 1 000.00 元，采用年数总和法计提折旧。计算该工具的年折旧率、年折旧额和月折旧额。

第 1 年折旧率=（5−0）÷[5×（5+1）÷2]×100%=33.33%

第 1 年折旧额=（24 000.00−1 000.00）×33.33%=7 665.90（元）

第 1 年月折旧额=7 665.90÷12=638.83（元）

第 2 年折旧率=（5−1）÷[5×（5+1）÷2]×100%=26.67%

第 2 年折旧额=（24 000.00−1 000.00）×26.67%=6 134.10（元）

第 2 年月折旧额=6 134.10÷12=511.18（元）

第 3 年折旧率=（5−2）÷[5×（5+1）÷2]×100%=20%

第 3 年折旧额=（24 000.00−1 000.00）×20%=4 600.00（元）

第 3 年月折旧额=4 600.00÷12=383.33（元）

第 4 年折旧率=（5−3）÷[5×（5+1）÷2]×100%=13.33%

第 4 年折旧额=（24 000.00−1 000.00）×13.33%=3 065.90（元）

第 4 年月折旧额=3 065.90÷12=255.49（元）

第 5 年折旧率=（5−4）÷[5×（5+1）÷2]×100%=6.67%

第 5 年折旧额=（24 000.00−1 000.00）×6.67%=1 534.10（元）

第 5 年月折旧额=1 534.10÷12=127.84（元）

每月计提折旧的会计分录参照平均年限法的案例内容。

从计算过程来看，年数总和法在运用时，整个折旧计提期间都考虑了固定资产的净残值。实务中，在使用年限总和法计提固定资产折旧时，体现了会计的谨慎性原则，算出的年折旧额是比较合理的。

十五、直线法摊销无形资产成本的计算公式

这里的直线法与固定资产计提折旧的年限平均法一样，即将无形资产按照预计使用年限平均计算摊销额。无形资产的摊销要注意以下四点：

◆ 使用寿命有限的无形资产应进行摊销，使用寿命不确定的无形资产不应摊销。

◆ 使用寿命有限的无形资产，通常其残值视为零。

◆ 对使用寿命有限的无形资产应从可供使用或达到预定用途的当月起开始摊销，处置当月不再摊销。

◆ 选择的无形资产摊销方法应反映与该项无形资产有关的经济利益的预期实现方式，无法可靠确定预期实现方式的，应采用直线法摊销。

由此可知，直线法摊销无形资产成本的计算公式如下：

年摊销率=1÷预计使用寿命（年）

年摊销额=无形资产原值÷预计使用寿命（年）

月摊销率=年摊销率÷12

无形资产的摊销额需通过"累计摊销"科目进行核算，下面就通过一个案例来学习直线法摊销无形资产成本。

【案例2-19】直线法摊销无形资产

某公司 2020 年上半年自主研发了一项生产技术，7 月初达到预定可使用状态。已知该技术的入账成本为 200.00 万元，预计使用寿命 20 年，计算该项技术的年摊销率、年摊销额、月摊销率和月摊销额。

年摊销率=1÷20=5%

年摊销额=2 000 000.00÷20=2 000 000.00×5%=100 000.00（元）

月摊销率=5%÷12=0.42%

月摊销额=2 000 000.00×0.42%=8 400.00（元）

每月进行摊销时的会计分录参照固定资产平均年限法的案例内容，只不过将会计分录中的"累计折旧"科目改为"累计摊销"科目。

十六、递延所得税资产的计算

递延所得税资产是指未来预计可以用来抵税的资产。因为递延所得税是时间性差异对所得税的影响，所以在纳税影响会计法下才会产生递延税款。

递延所得税资产的计算公式如下：

$$递延所得税资产=可抵扣暂时性差异×企业所得税税率$$

$$可抵扣暂时性差异=资产的计税基础-资产的账面价值$$

递延所得税资产的计算公式看起来简单，但理解起来还是有一定的困难。下面通过一个典型的案例来分析学习。

【案例2-20】核算企业的递延所得税资产

某公司适用企业所得税税率为25%，2019年年末经过核算，确定当年实现利润总额140.00万元，如果以前年度没有亏损，则公司当年应缴纳的企业所得税如下：

应交企业所得税=1 400 000.00×25%=350 000.00（元）

如果在2019年年末时发现以前年度存在60.00万元的亏损，则根据税法的规定，允许利用税前利润弥补以前年度亏损，然后计缴企业所得税。此时公司2019年应缴纳的企业所得税如下：

应交企业所得税=（1 400 000.00-600 000.00）×25%=200 000.00（元）

与不弥补以前年度亏损时应缴纳的350 000.00元企业所得税相比，少缴纳的150 000.00元（350 000.00-200 000.00）企业所得税就确认为递延所得税资产。也就是说，这里的1 400 000.00元相当于"资产的计税基础"，800 000.00元（1 400 000.00-600 000.00）相当于"资产的账面价值"，600 000.00元相当于"可抵扣暂时性差异"，递延所得税资产=600 000.00×25%=150 000.00（元）。算出递延所得税资产，还需要编制如下会计分录：

借：递延所得税资产　　　　　　　　　　　　150 000.00

　　贷：所得税费用　　　　　　　　　　　　　150 000.00

第 3 章

负债和所有者权益的核算公式

负债是企业的债务，所有者权益是所有者享有的企业的剩余权益。从字面含义来看，负债似乎对企业的经营不利，但实际上它和所有者权益一样，都体现了企业经营资本的来源，负债属于债务资本，所有者权益属于权益资本。企业的生产经营活动必然需要依靠资本的运作，因此，掌握负债和所有者权益的核算公式是很有必要的，也是非常重要的。

一、"一年内到期的非流动负债"怎么算

一年内到期的非流动负债是指反映企业各种非流动负债中将在一年之内到期的那部分金额，包括一年内到期的长期借款、长期应付款和应付债券。由此可概括出一年内到期的非流动负债的计算公式如下：

一年内到期的非流动负债=一年内到期的长期借款金额+一年内到期的长期应付款金额+一年内到期的应付债券金额

由于一年内到期的非流动负债是在所有非流动负债中选择出的将在一年内到期的那部分，所以在确定具体的金额时必须详细分析各项非流动负债的到期时限。这一点与一年内到期的非流动资产的确认相同。下面通过具体的案例来学习一年内到期的非流动负债的计算。

【案例3-1】期末计算企业的一年内到期的非流动负债

2020 年 10 月末，某公司资产负债表账面数据显示，长期借款金额共 100.00 万元，长期应付款共 52.30 万元，应付债券共 71.60 万元。其中，一年内到期的长期借款有 50.00 万元，长期应付款有 30.20 万元，应付债券有 31.60 万元。计算公司 10 月末时一年内到期的非流动负债有多少。

一年内到期的非流动负债=500 000.00+302 000.00+316 000.00=1 118 000.00（元）

实务中，企业可设置长期借款、长期应付款和应付债券等账户的备查账簿，结合这些账户的明细账进行分析确定，以便快速查找将在一年内到期的非流动负债。

二、计算向银行借款发生的利息

在生产经营过程中，企业难免会遇到资金周转不灵的情况，每当这时很多企业都会选择向银行借款。当然，借款肯定要支付相应的利息。常用的借款利息计算公式如下：

借款利息＝借款本金×年利率×借款年限

上述计算公式没有考虑货币的时间价值，且实务中长短期借款的计息方式为单利。所以借款利息的计算实际上比较简单，但账务处理时需要谨慎，下面就来看一个具体例子。

【案例3-2】向银行借款的利息核算

2020年10月初，甲公司因经营需要向某银行申请借款80.00万元，期限为一年，年利率为4.35%。按约定每季度支付一次利息，到期一次还本。利息的计算和相关账务处理如下：

① 10月计提应付利息，确认财务费用。

每月应付利息＝800 000.00×（4.35%÷12）＝2 900.00（元）

借：财务费用　　　　　　　　　　　　　　2 900.00

　　贷：应付利息——××银行　　　　　　　　　　　2 900.00

11月按照同样的方法编制同样的会计分录，计提应付利息并确认财务费用。但是12月时，由于直接支付这一季度的应付利息，所以不再单独做计提工作，直接确认当月的财务费用并结转前两个月的应付利息。

借：财务费用　　　　　　　　　　　　　　2 900.00

　　应付利息——××银行　　　　　　　　　　5 800.00

贷：银行存款	8 700.00

②以后各季度的账务处理均按照第一季度的账务处理进行。最终，一年的借款利息共 34 800.00 元（8 700.00×4 或 800 000.00×4.35%）。

这里需要注意的是，最后一个季度的季度末（即 2021 年 9 月），可将偿还本金的会计分录与支付利息的会计分录进行合并编制如下：

借：短期借款	800 000.00
财务费用	2 900.00
应付利息	5 800.00
贷：银行存款	808 700.00

由案例计算过程和账务处理可知，企业向银行借款时，借款利息的计算并不复杂，难点在于各期利息的账务处理。在不需要支付利息的月份，需要先计提当月的应付利息，通过"应付利息"科目核算，同时确认财务费用。在季度末的当月就不需要再单独计提当月应付利息，直接确认财务费用即可。

知识延伸 | 名义利率和实际利率

名义利率是指中国人民银行或其他提供资金借贷的机构公布的未调整通货膨胀因素的利率，因此，该利率包含了通货膨胀或通货紧缩的风险。

实际利率是指剔除了通货膨胀率后存款人或投资者得到利息回报的真实利率。

在有通货膨胀风险的市场中，各种利率都是名义利率，需要通过一定的计算公式来换算出实际利率。相关计算公式如下：

实际利率＝（1+名义利率）÷（1+通货膨胀率）−1

通货膨胀率＝（现期物价水平−基期物价水平）÷基期物价水平

除此以外，如果不知道通货膨胀率，还可以根据名义利率和一年计息总次数来换算实际利率，计算公式如下：

实际利率＝$[1+(名义利率÷n)]^n-1$

在该公式中，n 表示一年计息的总次数。

三、票据贴现利息的计算公式

票据贴现是指应收票据和应付票据的贴现，具体是指企业在应收票据到期之前，将票据背书后上交银行贴现，银行按照票据的到期价值扣除按照贴现利率计算的，从贴现日至到期日的利息后的余款支付给企业。

票据的贴现利息与贴现后实得金额的计算公式如下：

贴现利息=票据到期价值×贴现率×贴现期

实得金额=票据到期价值−贴现利息

票据到期价值=票据的票面金额+票据利息

票据利息=票据的票面金额×票据的利息率×票据期限

上述计算公式中，贴现期指票据贴现日至票据到期日之间的时间间隔。票据的银行贴现率由银行统一规定，一般用年利率表示。下面来看一个案例。

【案例3-3】企业向银行申请票据贴现的利息计算

丙公司拥有一张期限为6个月、面值为8.00万元的带息银行承兑汇票，年利率为5%，出票日为2020年7月1日，到期日为2020年12月31日。11月1日，公司向银行申请贴现该汇票，银行规定的贴现率为6.5%。相关计算过程如下：

票据到期利息=80 000.00×5%×（6÷12）=2 000.00（元）

票据到期价值=80 000.00+2 000.00=82 000.00（元）

贴现利息=82 000.00×6.5%×[（6−4）÷12]=888.33（元）

实得金额=82 000.00−888.33=81 111.67（元）

如果该汇票是无息票据，其他情况不变，则计算结果就会不同。

票据到期价值=80 000.00（元）

贴现利息=80 000.00×6.5%×[（6-4）÷12]=866.67（元）

实得金额=80 000.00-866.67=79 133.33（元）

知识延伸 | 贴现、转贴现和再贴现

票据的贴现一般分为三种，即贴现、转贴现和再贴现。

贴现指持票人将没有到期的票据卖给贴现银行，由此提前取得现款。一般工商企业向银行申请办理的票据贴现就是这种，如案例介绍的情形。

转贴现指银行将贴现购得的没有到期的票据向其他商业银行转让的一种贴现方式。一般是商业银行之间相互拆借资金的一种情形。

再贴现指贴现银行持未到期且已经贴现的汇票向人民银行申请贴现，通过转让汇票取得人民银行再贷款的行为。再贴现是中国人民银行的一种信用业务，是中国人民银行为了执行货币政策而使用的一种货币政策工具。

四、递延所得税负债的计算

递延所得税负债指根据应税暂时性差异计算的未来期间应支付的所得税金额，与递延所得税资产相对应。在旧的会计准则中，递延所得税负债被叫作"递延税款"。从计算公式来理解会更清晰，相关公式如下：

递延所得税负债=（资产账面价值-资产计税基础）×企业所得税税率

【案例3-4】期末确认企业的递延所得税负债

2020年6月末，某公司资产负债表数据显示，固定资产原值为7 000.00万元，累计折旧额有1 750.00万元，未计提减值准备。按照税法的规定，计算的累计折旧额为2 450.00万元。预计使用年限和预计净残值在会计处理和税法上不存在差异。适用的企业所得税税率为25%，前期未确认过递延所得税资产和递延所得税负债。按照下列计算公式确认企业的递延所得税负债。

①会计处理上，确认固定资产的账面价值。

固定资产账面价值=原值−累计折旧−减值准备

$$=7\ 000.00−1\ 750.00$$

$$=5\ 250.00（万元）$$

②税法上，确认固定资产的计税基础。

固定资产计税基础$=7\ 000.00−2\ 450.00=4\ 550.00$（万元）

③计算递延所得税负债。

递延所得税负债$=（5\ 250.00−4\ 550.00）×25\%=175.00$（万元）

产生递延所得税负债时，须相应调整所得税费用。

借：所得税费用　　　　　　　　　　　　　　　　1 750 000.00

　　贷：递延所得税负债　　　　　　　　　　　　　　1 750 000.00

如果在计算递延所得税负债时，固定资产的账面价值低于其计税基础，则计算出来的递延所得税负债为负数，相应地就表示为递延所得税资产。

借：递延所得税资产

　　贷：所得税费用

知识延伸 | 递延所得税不予确认的情形

①商誉的初始确认中，不确认递延所得税负债。

②除了企业合并以外的其他交易中，如果交易发生时既不影响会计利润，也不影响应纳税所得额，则由资产、负债的初始确认而产生的递延所得税负债不予确认。

③与联营企业、合营企业的投资相关的应纳税暂时性差异产生的递延所得税负债，如果同时满足投资企业能够控制暂时性差异转回的时间和该暂时性差异在可预见的未来很可能不会转回这两个条件，则递延所得税负债不予确认。

五、递延所得税的计算

递延所得税指当企业应纳税所得额与会计上的利润总额出现时间性差异时，为了调整核算差异，可用账面利润总额计提所得税，并按税法规定计算所得税，两者之间的差异即为递延所得税。

递延所得税包括递延所得税资产与递延所得税负债，相关计算公式如下：

递延所得税=（递延所得税负债期末余额−递延所得税负债期初余额）−（递延所得税资产期末余额−递延所得税资产期初余额）

下面通过一个实例来运用递延所得税的计算公式。

【案例3-5】计算企业的递延所得税

2020年6月末，某公司账面上记录的递延所得税资产期初余额为16.52万元，期末余额为17.38万元；递延所得税负债期初余额为18.25万元，期末余额为19.34万元。计算公司的递延所得税。

递延所得税=（193 400.00−182 500.00）−（173 800.00−165 200.00）

=2 300.00（元）

如果计算出来的递延所得税为负数，则需要相应调减所得税费用。

六、所得税费用的计算

所得税费用指企业经营利润应缴纳的企业所得税。如果企业不存在递延所得税资产和递延所得税负债，则当期计算出来的应交企业所得税就是当期的所得税费用。但如果企业存在递延所得税资产和递延所得税负债，则当期的所得税费用就不一定等于当期应交企业所得税。

无论是否存在递延所得税资产和递延所得税负债，对所得税费用的计算均可采用如下公式：

$$所得税费用=当期应交企业所得税+递延所得税$$

如果企业存在递延所得税资产和递延所得税负债，或其中之一，则需先计算出递延所得税，然后计算所得税费用。如果不存在递延所得税资产和递延所得税负债，即上述计算公式中递延所得税为零，则所得税费用＝当期应交企业所得税。

在上一小节的案例基础上，来看看如何计算企业的所得税费用。

【案例3-6】计算企业当期的所得税费用

2020年6月末，某公司账面上记录的递延所得税资产期初余额为16.52万元，期末余额为17.38万元；递延所得税负债期初余额为18.25万元，期末余额为19.34万元。已知该公司当月实现利润总额40.74万元，适用企业所得税税率为25%，计算公司当月的所得税费用。

由上一个案例可知，该公司6月末账面上的递延所得税有2 300.00元，则当月应交企业所得税的计算如下：

当月应交企业所得税＝407 400.00×25%＝101 850.00（元）

当月所得税费用＝101 850.00+2 300.00＝104 150.00（元）

期末时，企业应将当期的所得税费用转入"本年利润"科目中，确定最终实现的净利润。结转后，"所得税费用"科目将没有余额。

七、企业注册资本与实收资本的计算

注册资本指有限责任公司在公司登记机关登记的全体股东认缴的出资额，但具体实缴多少、有没有最低限额等没有统一规定。实收资本指企业实际收到的投资人投入的资本。也就是说，如果公司的全体股东认缴了多少出资额就实缴了多少，注册资本就等于实收资本。

从数学的角度，企业的注册资本不需要计算，它只是一个统一认定的数字，而实收资本则根据所有股东实际投入的出资额相加得到。但在账务处理方面，实收资本的确认与注册资本总额和占股比例均有关系，一般用下列计算公式确定某投资者的实收资本：

某投资者账面上的实收资本=企业注册资本总额×该投资者占注册资本比例

为了更好地理解这一计算公式，下面来看一个案例。

【案例3-7】核算应确认的各投资者的实收资本

乙公司由A、B、C这3位投资者出资建成，总共认缴的注册资本为500.00万元。初始投资时，A投入资本200.00万元，B投入资本100.00万元，C投入资本200.00万元。后一名新的投资者D加入，实际投入资本125.00万元，约定占公司注册资本的20%。核算公司应对该新加入的投资者D确认多少实收资本？

新投资者D加入后，其实收资本要占注册资本的20%，说明A、B、C的投资在加入新投资者后总共占注册资本的80%，此时计算出新投资者D加入后的总注册资本数额。

新加入投资者后总注册资本＝（200.00+100.00+200.00）÷80%=625.00（万元）

由于新加入投资者 D 实际投入资本为 125.00 万元，加上原来 3 位投资者的 500.00 万元，刚好为 625.00 万元，与注册资本数额相等。所以，应将新加入投资者投入的 125.00 万元全部确认为实收资本。

借：银行存款   1 250 000.00

  贷：实收资本——投资者 D   1 250 000.00

如果新加入投资者 D 实际投入资本为 150.00 万元，则在确认自身实收资本为 125.00 万元（625.00×20%）后会多出 25.00 万元。此时多出的 25.00 万元（150.00−125.00）不能计入该投资者的实收资本中，而应确认为资本溢价，调增该公司的资本公积。此时的会计分录如下：

借：银行存款   1 500 000.00

  贷：实收资本——投资者 D   1 250 000.00

    资本公积——资本溢价   250 000.00

也就是说，投资者实际投入企业的资本数额，与所占注册资本比例相等的部分确认为实收资本，超过所占注册资本比例的部分确认为资本溢价，计入企业的资本公积。

八、资本公积的计算

资本公积指企业在经营过程中由于接受捐赠、股本溢价（或资本溢价）和法定财产重估增值等原因形成的公积金。所以，前一小节案例中提及的"资本溢价"属于资本公积的一部分。用计算公式表示资本公积如下：

资本公积=接受捐赠+资本溢价+资产评估增值+资本折算差额+其他资本公积等

实务中，资本公积的这些组成项目分别作为明细科目进行核算，所以计算"资本公积"有多少时直接将"资本公积"科目的借方发生额合计与贷方发生额合计进行抵减，最后一般表现为"资本公积"科目贷方余额，这一余额就是资本公积数。因此，还可概括出如下计算公式：

资本公积期末余额＝资本公积期初余额+资本公积贷方发生额－资本公积借方发生额

下面通过一个具体案例来看看资本公积的计算。

【案例3-8】计算企业的资本公积

2020年10月初，甲公司的资产负债表数据显示，资本公积期末贷方余额为13.62万元。10月底结账前查对账目，当月计入资本公积的资产评估增值有8.06万元，其他资本公积有5.68万元，发生额均在贷方。那么，10月底结账时公司的资本公积有多少呢？

当月资本公积发生额=80 600.00+56 800.00=137 400.00（元）

资本公积期末余额=136 200.00+137 400.00=273 600.00（元）

由案例计算过程可知，如果只是计算资本公积当月的发生额，则使用第一个计算公式；如果要核算企业资本公积的期末余额数，就使用第二个计算公式，要考虑资本公积期初余额。

九、计提法定盈余公积的核算公式

盈余公积是企业从税后利润中提取形成的、留存于企业内部、具有特定用途的收益积累。按照相关法律法规的规定，企业盈利时必须计提法定盈余公积，计提比例统一为 10%，计算公式如下：

$$计提的法定盈余公积=当期税后利润 \times 10\%$$

只有当企业的法定盈余公积累计数达到企业注册资本的 50% 时，才可以不用再计提法定盈余公积。除了法定盈余公积外，盈余公积还包括任意盈余公积和法定公益金，任意盈余公积和法定公益金的计提比例没有统一规定，主要由企业按照股东大会的决议确定，并且这两项盈余公积是否计提也可根据企业的自身发展情况自行确定。下面就来看一个具体案例，学习如何计提法定盈余公积。

【案例3-9】计提企业的法定盈余公积

2020 年 10 月，某公司实现净利润 14.31 万元。按照法律法规的规定，需要按照 10% 的比例计提法定盈余公积，根据公司发展情况，决定不计提法定公益金和任意盈余公积。则需要计提的法定盈余公积的计算如下：

计提的法定盈余公积=143 100.00 × 10%=14 310.00（元）

计提的法定盈余公积需要进行会计核算。

借：利润分配——计提法定盈余公积   14 310.00

  贷：盈余公积——法定盈余公积   14 310.00

十、任意盈余公积的计提

任意盈余公积是企业按照公司章程或股东大会的决议，从可向投资者分配的利润中提取的公积金，提取金额与用途由企业自行决定。因此，计算公式如下：

$$计提的任意盈余公积=税后利润×计提比例$$

在上一个案例的基础上，计算公司应计提的任意盈余公积。

【案例3-10】计提企业的任意盈余公积

2020 年 10 月，某公司实现净利润 14.31 万元。按照法律法规的规定，需要按照 10% 的比例计提法定盈余公积，根据公司股东大会的决议，按照 5% 的比例计提任意盈余公积。则需要计提的任意盈余公积的计算如下：

计提的任意盈余公积=143 100.00×5%=7 155.00（元）

计提的任意盈余公积也需要进行会计核算。

借：利润分配——计提任意盈余公积　　　　　　　7 155.00

　　贷：盈余公积——任意盈余公积　　　　　　　　　7 155.00

🎯 **知识延伸** | 盈余公积的作用

无论是法定盈余公积，还是任意盈余公积，又或者是法定公益金，都确认为盈余公积，在"盈余公积"科目中进行核算。那么企业内部为什么会存在盈余公积呢？主要是因为它具有如下作用：

①弥补亏损，即当企业发生亏损时，可用盈余公积弥补。一般来说，企业应按照规定先用亏损年度以后的5年内实现的税前利润弥补亏损。超过5年还不能补足的，再用以后年度税后利润弥补。如果以后年度税后利润还不能补足的，尚未弥补的亏损就要用盈余公积弥补。

②转增资本。按照有关法律法规的规定，企业经股东大会决议批准后，可用盈余公积转增资本。在实际转增资本时，要按照股东原有持股比例进行结转。而且，转增资本后留存的盈余公积的数额不得少于企业注册资本的25%。

③分配股利。原则上讲，如果企业当年没有盈利，即使账面上有盈余公积，也不能用作分配股利。用盈余公积分配股利时，必须符合3个条件：一是弥补亏损后盈余公积还有结余；二是用盈余公积分配股利时股利率不能太高，不得超过股票面值的6%；三是分配股利后法定盈余公积不得低于注册资本的25%。

十一、当期可供分配利润的计算

可供分配利润是指可供企业进行分配的利润，它包括企业当期实现的净利润、年初未分配利润和其他转入。相关计算公式如下：

当期可供分配利润=当期实现的净利润+期初未分配利润（或–期初未弥补亏损）+其他转入

可供分配利润一般按照图 3-1 所示的顺序进行分配。如果有亏损，则用可供分配利润弥补亏损后进行如下分配流程。

提取法定盈余公积 ➡ 提取任意盈余公积 ➡ 向投资者分配利润

图 3-1　可供分配利润的分配顺序

需要注意的是，可供分配利润可用来提取法定盈余公积和任意盈余公积的部分，是指可供分配利润中的"当期实现的净利润"，期初未分配利润和其他转入不能作为计提盈余公积的基数。下面通过一个具体的案例来学习如何计算企业当期的可供分配利润。

【案例3-11】计算企业当期的可供分配利润

2020 年 10 月，某公司实现利润总额 19.25 万元，不存在其他纳税调整项，适用企业所得税税率为 25%。已知公司资产负债表数据显示，期初未分配利润有 11.46 万元，当月没有其他转入项目。计算该公司 10 月底可供分配利润。

10 月净利润=192 500.00–192 500.00×25%=144 375.00（元）

当期可供分配利润=144 375.00+114 600.00=258 975.00（元）

也就是说，该公司 10 月底可用来进行分配的利润数额为 258 975.00 元，这些利润可用来弥补亏损、提取法定盈余公积和任意盈余公积以及向投资者分配利润等。当可供分配利润将需要进行分配的项目都分配完成后，剩余的利润就是"未分配利润"。

如果该公司资产负债表显示期初未分配利润为 −11.46 万元，则说明公司以前年度存在亏损。此时需要先用当期实现的利润进行弥补，补足后如果还有剩余，再计入可供分配利润中待分配。比如这里，先用税前利润弥补亏损。

弥补亏损后剩余的利润=−114 600.00+192 500.00=77 900.00（元）

净利润=77 900.00−77 900.00×25%=58 425.00（元）

此时，由于期初的未弥补亏损用了本期实现的税前利润弥补了，且弥补亏损后还有利润剩余，则此时计算出来的净利润就是该公司当期的可供分配利润。再经过盈余公积的计提，或者转增资本，剩下的利润就是未分配利润。

十二、核算当期未分配利润

未分配利润是企业留待以后年度分配或者待分配的利润，从数量上看，它是期初未分配利润加上当期实现的净利润，减去提取的各种盈余公积和分配出去的利润后的余额。计算公式如下：

当期未分配利润=当期实现的净利润+期初未分配利润（或−期初未弥补亏损）+其他转入−提取的盈余公积−分配的利润或股利

当期未分配利润=当期可供分配利润−提取的盈余公积−分配的利润或股利

企业当期的未分配利润可以在以后年度继续进行分配，而未进行分配前，它属于企业所有者权益的组成部分。未分配利润通过"利润分配"科目下的"未分配利润"明细科目进行核算。图3-2所示的流程就是当期未分配利润的形成过程。

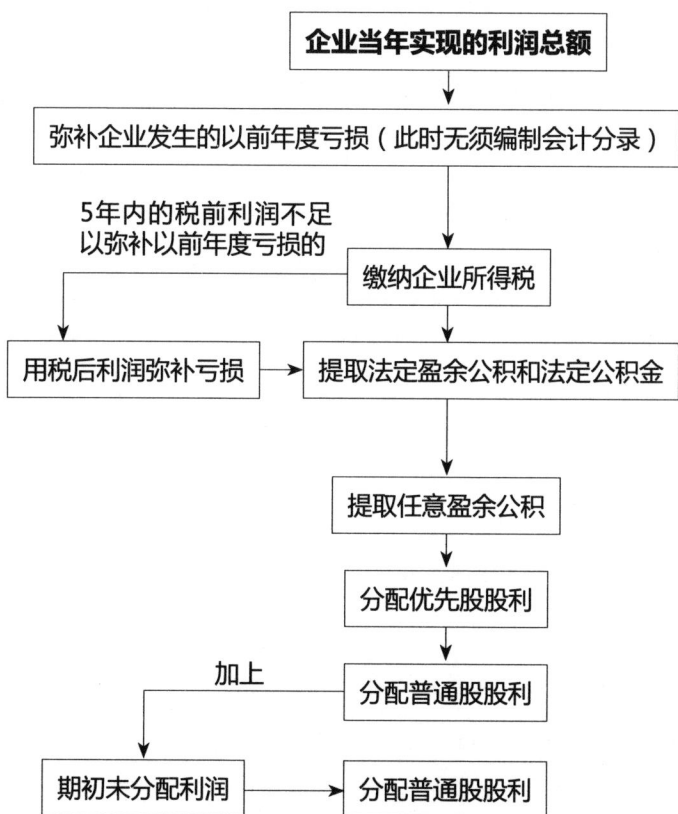

图 3-2 企业当期的未分配利润的形成过程

下面就通过具体的案例学习企业当期未分配利润的计算。

【案例3-12】计算企业当期的未分配利润

2020年10月，某公司有期初未分配利润9.27万元。已知10月该公司实现利润总额17.32万元，适用企业所得税税率为25%，没有其他任何纳税调整事项。按照相关法律法规的规定，要从净利润中按照10%的比例提取法定盈余公积，还要根据股东大会的决议按照5%的比例提取任意盈余公积。剩余的利润不做分配，留待以后会计年度分配。计算当月公司的未分配利润。

公司 10 月初有未分配利润，说明公司处于盈利状态，那么当月实现的利润总额直接计缴企业所得税，得出税后利润（即净利润）。

当期实现的净利润=173 200.00−173 200.00×25%=129 900.00（元）

当期可供分配利润=129 900.00+92 700.00=222 600.00（元）

计提的法定盈余公积=129 900.00×10%=12 990.00（元）

计提的任意盈余公积=129 900.00×5%=6 495.00（元）

当期未分配利润=222 600.00−12 990.00−6 495.00=203 115.00（元）

如果该公司期初未分配利润为−9.27 万元，且假设当月可以用税前利润弥补亏损，其他情况和条件不变，则当期未分配利润的计算又会不同。

弥补亏损后的剩余利润=−92 700.00+173 200.00=80 500.00（元）

当期可供分配利润=当期企业实现的净利润=80 500.00−80 500.00×25%=60 375.00（元）

计提的法定盈余公积=60 375.00×10%=6 037.50（元）

计提的任意盈余公积=60 375.00×5%=3 018.75（元）

当期未分配利润=60 375.00−6 037.50−3 018.75=51 318.75（元）

如果只能用税后利润弥补以前年度的亏损，则计算过程如下。

当期实现的净利润=129 900.00（元）

弥补亏损后的剩余利润=当期可供分配利润=−92 700.00+129 900.00=37 200.00（元）

计提的法定盈余公积=37 200.00×10%=3 720.00（元）

计提的任意盈余公积=37 200.00×5%=1 860.00（元）

当期未分配利润=37 200.00−3 720.00−1 860.00=31 620.00（元）

第4章

其他财务处理时常用的计算公式

对企业来说，除了资产、负债和所有者权益等财务处理会涉及数据计算之外，其他方面的财务处理也需要进行数据计算，相对应地就会有计算公式。比如商业折扣或现金折扣的计算、调整错账时的除二法或除九法的计算，以及职工福利费、工会经费、职工教育经费、业务招待费和广告宣传费等费用的扣除数额的计算。这些数据计算的正确性将直接影响账务处理的正确性，因此也是必须掌握的。

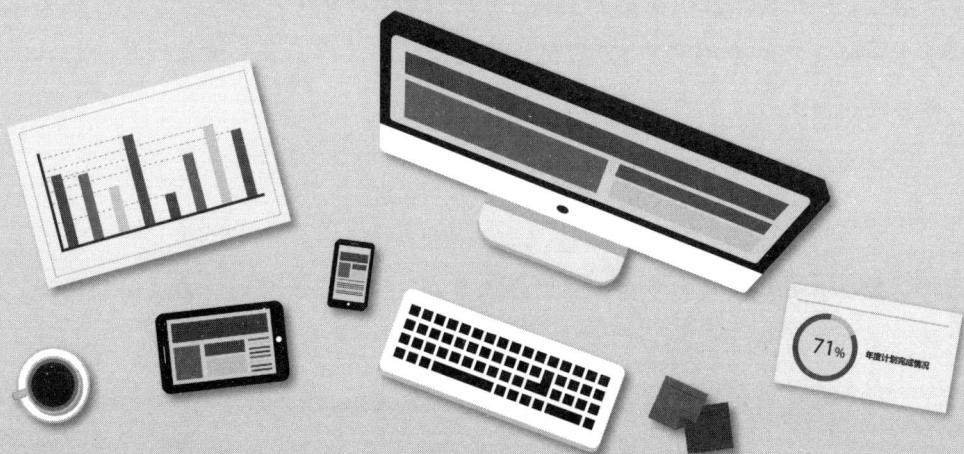

一、商业折扣与现金折扣的计算方法

在了解商业折扣和现金折扣的计算方法前，先了解什么是商业折扣，以及什么是现金折扣。下面分别介绍两种折扣及其计算方法。

（1）商业折扣及其计算方法

商业折扣也叫折扣销售，指企业按照商品的零售价开出发票，并在此基础上给予购买方一定比例的价格优惠。该折扣主要发生在企业确认收入之前，因此，确认的销售收入要以折扣后的金额为准。商业折扣的计算公式如下：

$$商业折扣=商品销售价格×商业折扣比例$$

注意，如果购销双方签订的合同中约定以含税价格作为折扣基数，则上述计算公式中的商品销售价格为含税价格。来看一个具体的案例。

【案例4-1】计算企业出售商品发生的商业折扣金额

某公司 10 月 28 日出售了一批商品，不含税总价款为 10.66 万元，开出的增值税专用发票注明税率为 13%。考虑到购买方的订单数较大，于是在发票上同时注明给予购买方 1% 的商业折扣，且约定以不含税价款计算。相关计算过程如下：

商业折扣=106 600.00×1%=1 066.00（元）

确认的销售收入=106 600.00-1 066.00=105 534.00（元）

假设当天并未收到货款，则财会人员在进行账务处理时，需要编制的会计分录如下所示。

增值税销项税额=105 534.00×13%=13 719.42（元）

借：应收账款——××   119 253.42

    贷：主营业务收入   105 534.00

      应交税费——应交增值税（销项税额）   13 719.42

如果购销双方在合同中约定商业折扣的基数要包括增值税，则计算就会有所不同。

商业折扣=106 600.00×（1+13%）×1%=1 204.58（元）

确认的销售收入=106 600.00−1 204.58=105 395.42（元）

最终应确认的增值税销项税额=105 395.42×13%=13 701.40（元）

借：应收账款——××   119 096.82

    贷：主营业务收入   105 395.42

      应交税费——应交增值税（销项税额）   13 701.40

由案例可知，企业销售业务发生的商业折扣不会体现在账面上。

（2）现金折扣及其计算方法

现金折扣指企业采用赊销方式销售商品时，为了鼓励购买方在一定期限内（即信用期）早日偿付货款，会规定一个短于信用期限的折扣期限，如果购买方在折扣期限内付款，就能得到一定的折扣优惠。

现金折扣的折扣基数同样要根据购销双方在合同中的约定来确定，计算公式如下：

现金折扣=商品销售价格×现金折扣比例

但要注意的是，现金折扣一般发生在企业确认销售收入之后，因为只有确认了收入，才能分析购买方偿付货款的时间是否在信用期内或者短于信用期。所以，现金折扣需要反映在企业的账面上。下面就通过一个案例来了解企业发生现金折扣的金额计算与账务处理。

【案例4-2】计算企业出售商品发生的现金折扣金额

2020 年 10 月 22 日，乙公司向客户销售了一批商品，不含税总价款为 14.18 万元，向对方开具了增值税专用发票，注明税额为 18 434.00 元，税率为 13%。双方合同约定了"2/10，1/20，n/30"的信用条件，即如果客户在商品出售后 10 天内付款，则可享受 2% 的现金折扣；如果在出售后 20 天内付款，则可享受 1% 的现金折扣，信用期为 30 天，超过 20 天且在 30 天内付款的，不享受现金折扣。按照合同规定，在计算现金折扣时不考虑增值税。29 日，该客户向公司支付了货款，相关计算如下：

① 10 月 22 日确认销售收入和增值税。

增值税销项税额=141 800.00×13%=18 434.00（元）

此时由于没有收到货款，所以需将销售收入计入应收账款。

借：应收账款——××   160 234.00

    贷：主营业务收入   141 800.00

        应交税费——应交增值税（销项税额）   18 434.00

② 10 月 29 日收到货款，计算现金折扣金额，确认财务费用。

现金折扣=141 800.00×2%=2 836.00（元）

公司实际收到的货款数额=160 234.00−2 836.00=157 398.00（元）

借：银行存款   157 398.00

    财务费用   2 836.00

    贷：应收账款   160 234.00

同理，如果在超过 10 天的 20 天内付款，按照相应的现金折扣比例计算出现金折扣金额，进行相同的账务处理。

但如果购销双方约定现金折扣要考虑增值税，则上述账务处理中的第②步操作中的现金折扣的计算结果会有不同，最后收到的货款数额也会不同。

现金折扣=（141 800.00+18 434.00）×2%=3 204.68（元）

公司实际收到的货款数额=160 234.00-3 204.68=157 029.32（元）

账务处理同上。

由案例可知，发生现金折扣的销售业务，由于企业事先已经确认了收入，所以现金折扣需确认为财务费用，以此冲减当期损益。

二、查找错账时除二法的计算公式

查找错账时使用的除二法是指用错账差数除以2，得出的商数即为错账数的一种方法。用计算公式可表示为

$$错账数=错账差额÷2$$

这种方法通常用于错账差额为偶数的情况，比如会计分录的借贷方记反，或者是红蓝字记反等，都会导致错账差额为偶数。使用除二法就可快速查找出错账数，相应地找到错误的账目。

如果错账差额为奇数，则很可能不是记账反向的情况，此时就不适用除二法来查找错账。下面就来看一个运用除二法查找错账的例子。

【案例4-3】错账差额为偶数时使用除二法查找错账

2020 年 10 月 31 日结账前，某公司财会人员发现编制的试算平衡表中，公司当期所有科目的借方发生额合计与贷方发生额合计数不相等，且借贷方之间的差额为 16 584.42 元。用除二法查找错账。

错账数=16 584.42÷2=8 292.21（元）

此时，财会人员就需要去查账目上所有涉及 8 292.21 这个数字的业务，看是否有记账错误的情况。一般来说可以快速找到错账。

如果错账差额为偶数时使用除二法仍然没有找出错账，则说明出现偶数错账差额具有偶然性，此时可能就需要逐笔检查账目了。

三、用除九法查找并调整错账的相关计算

除九法是一种用正确数与错误数之间的差数的绝对值除以 9 来查找错账的方法，除以 9 后得出的商用来判断错账。不同的错账类型，涉及的计算公式不同。

除九法适用于查找会计记账数字顺序错位或数字前后颠倒而发生的错账，当发现正确数与错误数之间的差数的绝对值能被 9 整除时，即可选用除九法。下面就分别介绍除九法在两种错账中的运用。

（1）会计记账数字顺序错位的错账

会计记账数字顺序错位是指财会人员记账时将金额记错位数，即大小数错误。这种错误无论是多记金额还是少记金额，正确数与错误数之间的差数绝对值必然是正确数与错误数之间的那个较小数的 9 倍。此时的差数要么是正确数，要么是错误数，具体分情况判断，但统一将其称为"差错数"。其原理可概括为如下所示的计算公式：

$$|正确数-错误数|÷9=商（即差错数）$$

◆ 大数记成小数

大数记成小数的记账数字顺序错位表现为，千位数记成百位数，百位数

记成十位数，十位数记成个位数。一般这种顺序错位，利用计算公式得出的商是错误数，而正确数是商的 10 倍。以下案例便能清晰地了解其调整错账方式。

【案例4-4】记账数字顺序错位使大数变小数时使用除九法查找错账

2020 年 10 月 31 日结账前，某公司财会人员发现一笔账目存在问题，当前账面金额为 3 344.00 元。于是她猜测该数据是因为记账数字顺序错位生成的，所以大胆采用除九法查找原因。

在使用计算公式前，她做了这样的思考：如果 3 344.00 为错误数，则因为记账数字顺序错位，原来的数据可能是 334.40 元或者 33 440.00 元。由于将小数错记成整数的可能性较小，所以她大胆假设是将原本的 33 440.00 元记成了 3 344.00 元。接下来就用除九法查账。

| 正确数 − 错误数 | ÷9=| 33 440.00−3 344.00 | ÷9=3 344.00（元）

根据大数记成小数时商为错误数的已知条件，可再次判断 3 344.00 元确实是错误数，此时财会人员就可以查看该笔账目是否真的将原本的 33 440.00 元记成了 3 344.00 元，从而及时改正错账。

◆ 小数记成大数

小数记成大数的记账数字顺序错位表现为，个位数记成十位数，十位数记成百位数，百位数记成千位数等。一般这种顺序错位，利用计算公式得出的商是正确数。来看下面的案例。

【案例4-5】记账数字顺序错位使小数变大数时使用除九法查找错账

2020 年 10 月 31 日结账前，某公司财会人员发现一笔账目存在问题，当前账面金额为 685 500.00 元。于是她猜测该数据是因为记账数字顺序错位生成的，所以大胆采用除九法查找原因。

在使用计算公式前，她做了这样的思考：如果 685 500.00 元是由 68 550.00 元错记而成，则符合小数记成大数的情况。此时：

| 正确数 − 错误数 | ÷9=|68 550.00−685 500.00| ÷9=68 550.00（元）

根据小数记成大数时商为正确数的已知条件，可判断 68 550.00 元是正确数，相应地，685 500.00 元就是错误数。此时财会人员就可以查看具体的业务情况，看该笔业务涉及的金额是否真的是 68 550.00 元，从而及时改正错账。

如果财会人员假设 685 500.00 元是由 6 855 000.00 元错记而成，则符合大数记成小数的情况，此时：

| 正确数 − 错误数 | ÷9=|6 855 000.00−685 500.00| ÷9=685 500.00（元）

根据大数记成小数时商为错误数的已知条件，可再次判断 685 500.00 元是错误数，相应地，6 855 000.00 元就是正确数。此时财会人员就可以查看具体的业务情况，看该笔业务涉及的金额是否真的是 6 855 000.00 元，从而及时改正错账。

（2）数字前后颠倒的错账

数字前后颠倒的情形一般是邻数倒置，比如个位数变成了十位数、十位数变成了个位数，或者十位数变成了百位数、百位数变成了十位数等。这种错账情形下，正确数与错误数之间的差数的绝对值除以 9 所得的商的有效数字之和就是相邻颠倒两数的正数差值。

|正确数−错误数|÷9=商（商的有效数字之和为相邻颠倒两数的正数差值）

这种数字前后颠倒的错账也有两种情形：一是颠倒后的错误数比正确数小；二是颠倒后的错误数比正确数大。下面通过一个案例来看看除九法在数字前后颠倒的错账中的运用。

【案例4-6】数字前后颠倒的错账用除九法检查

2020 年 10 月 31 日结账前，某公司财会人员发现一笔账目存在问题，当前账面数据为 3 230.00 元。由于经过除二法查找错账没有结果，也不是记账数字顺序错位，于是财会人员大胆猜想该错账存在数字前后颠倒的情况。同样适用除九法。

在利用计算公式来判断错账时，财会人员先初步做了这样的思考：如果是将 3 320.00 元记成了 3 230.00 元，则属于颠倒后错误数比正确数小的情况；如果是将 3 203.00 元记成了 3 230.00 元，则属于颠倒后错误数比正确数大的情况。

①情况一，将 3 320.00 元记成了 3 230.00 元。

| 正确数 − 错误数 | ÷9=| 3 320.00−3 230.00 | ÷9=10

商 10 的有效数字之和为 1，说明相邻颠倒两数的正数差值为 1，而 3 320.00 元记成 3 230.00 元时，是百位数上的 3 与十位数上的 2 颠倒了，这两数的正数差值确实为 1，也就印证了第①种情况。此时财会人员就可以查找该错账对应的经济业务涉及的金额是否为 3 320.00 元。若是，就可以确认该错账，并及时进行错账调整；若不是，则需考虑另外一种情况。

②情况二，将 3 203.00 元记成了 3 230.00 元。

| 正确数 − 错误数 | ÷9=| 3 203.00−3 230.00 | ÷9=3

商数 3 的有效数字之和为 3，说明相邻颠倒两数的正数差值为 3，而 3 203.00 元记成 3 230.00 元时，是十位数上的 0 与个位数上的 3 颠倒了，这两数的正数差值确实为 3，也就印证了第②种情况。此时财会人员就可以查找该错账对应的经济业务涉及的金额是否为 3 203.00 元。若是，就可以确认该错账，并及时进行做账调整；若不是，就需要用其他方法来寻找错账了。

除九法在查找错账中的运用没有除二法直接，它要求财会人员有丰富的实践经验，能够在查账时先确定有问题的账目，然后利用除九法来验证，从而查找错账。因此，实务中很少被使用，但它是财会人员在历经千辛万苦仍然找不着错账的情况下一个必须考虑的方法，所以有必要掌握。

四、职工福利费扣除限额的计算

职工福利费指企业用于增加职工物质利益，帮助职工及其家属解决某些特殊困难和兴办集体福利事业而支付的费用。

在会计处理方面，职工福利费发生多少就可以确认多少，也就是可以在计缴企业所得税时据实扣除。但是税法规定，企业发生的职工福利费支出，不超过当期工资薪金总额 14% 的部分，准予扣除，超过部分不予扣除。因此在纳税方面，会计处理要符合税法的规定。此时就必然会用到相应计算公式：

职工福利费扣除限额＝当期工资薪金总额×14%

实务中，如果企业发生的职工福利费超过了职工福利费扣除限额，就会产生税会差异，此时就需要财会人员调账。下面通过一个实例来了解职工福利费扣除限额的计算，同时了解调账工作。

【案例4-7】计算企业的职工福利费扣除限额并判定是否需要调账

2020 年 10 月底，某公司的财会人员在核算当期应缴纳税款时，检查了当月发生的职工福利费 5.74 万元，而当月发生的工资薪金总额共 31.88 万元。财务上已将 5.74 万元从收入中扣除，计算得出的应交企业所得税为 5.02 万元。为了避免企业陷入纳税风险，财会人员决定计算职工福利费的扣除限额，以此来看是否需要调账。该公司适用企业所得税税率为 25%。

职工福利费扣除限额=318 800.00×14%=44 632.00（元）

由于 57 400.00 元 > 44 632.00 元，说明该公司当月发生的职工福利费按照税法的规定只能扣除 44 632.00 元，比会计处理上扣除的实际数 57 400.00 元少，则财会人员需要将多扣除的职工福利费 12 768.00 元（57 400.00−44 632.00）转回，增加企业所得税的应纳税所得额，从而调整当期的应交企业所得税税额。需要调增的企业所得税税额计算如下：

调增的企业所得税=12 768.00×25%=3 192.00（元）

如果企业当期发生的职工福利费小于或等于当期工资薪金总额的 14%，则税法上就可以据实扣除。

五、工会经费扣除限额的计算

工会经费指企业的工会组织开展各项活动所需要的费用。同样的，在会计处理方面，企业发生了多少工会经费，就可在计缴企业所得税前据实扣除，但税法上也对工会经费的扣除限额做了规定，即企业拨缴的工会经费，不超过工资薪金总额 2% 的部分，准予扣除，超过部分不予扣除。计算公式如下：

工会经费扣除限额＝当期工资薪金总额×2%

实务中，如果企业拨缴的工会经费超过了工会经费扣除限额，也会产生税会差异，此时也需要财会人员调账。下面就在前一个案例的基础上，看看企业的工会经费扣除限额如何计算，并判断是否需要调账。

【案例4-8】计算企业的工会经费扣除限额并判定是否需要调账

2020 年 10 月底，某公司的财会人员在核算当期应缴纳税款时，还检查了当月拨缴的工会经费 8 000.00 元，而当月发生的工资薪金总额共 31.88 万元。财务上已将 8 000.00 元从收入中扣除，计算得出的应交企业所得税为 5.02 万元。为了避免公司陷入纳税风险，财会人员决定计算工会经费的扣除限额，以此来看是否需要调账。企业所得税税率为 25%。

工会经费扣除限额=318 800.00×2%=6 376.00（元）

由于 8 000.00 元＞6 376.00 元，说明该公司当月扣缴的工会经费按照税法的规定只能扣除 6 376.00 元，比会计处理上扣除的实际数 8 000.00 元少，则财会人员需要将多扣除的工会经费 1 624.00 元（8 000.00−6 376.00）转回，增加企业所得税的应纳税所得额，从而调整当期的应交企业所得税税额。需要调增的企业所得税税额计算如下。

调增的企业所得税=1 624.00×25%=406.00（元）

如果企业当期拨缴的工会经费小于或等于当期工资薪金总额的 2%，则税法上就可以据实扣除。

六、职工教育经费扣除限额的计算

职工教育经费指企业按照工资总额的一定比例提取用于职工教育事业的一项费用，是企业为了让职工学习先进技术和提高文化水平而支付的费用。

同理，企业发生的职工教育经费在会计处理上可据实扣除，但税法上对当期扣除限额做了规定，即企业发生的职工教育经费支出，不超过当期工资薪金总额 8% 的部分，准予当期在计缴企业所得税时扣除，且超过部分准予在以后纳税年度内结转扣除。

注意，职工教育经费的扣除标准与职工福利费和工会经费有所不同，实务中一定要区分清楚。关于职工教育经费的扣除限额，计算公式如下：

职工教育经费当期扣除限额=当期工资薪金总额×8%

为什么这里是"当期扣除限额"呢？从扣除标准来看，职工教育经费只有在发生当期有扣除限额的限制，其本身发生多少还是可以据实扣除的，只不过要结转到以后纳税年度内扣除，所以叫"当期扣除限额"。下面进行案例分析。

【案例4-9】计算企业的职工教育经费扣除限额并判定是否需要调账

2020 年 10 月底，某公司的财会人员在核算当期应缴纳税款时，还检查了当月发生的职工教育经费 2.00 万元，当月发生的工资薪金总额共 31.88 万元。财务上已将 2.00 万元从收入中扣除，计算得出的应交企业所得税为 5.02 万元。为了避免企业陷入纳税风险，财会人员决定计算职工教育经费的当期扣除限额，以此来看当期是否需要调账。企业所得税税率为 25%。

职工教育经费当期扣除限额=318 800.00×8%=25 504.00（元）

由于 20 000.00 元 < 25 504.00 元，说明该公司当月发生的职工教育经费按照税法的规定可以扣除 25 504.00 元，会计处理没有超过该限额，则不需要调整当期的账目。

如果该公司当月发生的职工教育经费为 3.00 万元，则情况就会不同。因为此时 30 000.00 元 > 25 504.00 元，说明该公司当月发生的职工教育经费按照税法的规定只能扣除 25 504.00 元，比会计处理上扣除的实际数 30 000.00 元少，则财会人员需要将多扣除的工会经费 4 496.00 元（30 000.00-25 504.00）转回，增加企业所得税的应纳税所得额，从而调整当月的应交企业所得税税额。需要调增的企业所得税税额计算如下：

调增的企业所得税=4 496.00×25%=1 124.00（元）

此时，剩余未扣减的职工教育经费 4 496.00 元结转到下一个月，在计缴下一个月的企业所得税时进行扣除。这是职工教育经费在税法处理上区别于职工福利费和工会经费的最明显不同。

七、业务招待费扣除限额的计算

业务招待费是指企业因为业务经营的合理需要而支付的招待费用。实务中，企业必须保证业务招待费开支是合理的，这样会计处理时才能全部列支。在税法上，业务招待费同样具有扣除限额的规定，并且该费用的扣除限额是双重标准，与前述提及的职工福利费、工会经费和职工教育经费不同。

业务招待费扣除限额的双重标准可用如下计算公式表示：

业务招待费扣除限额＝当年销售（营业）收入×5‰

业务招待费当期扣除数＝业务招待费当期发生额×60%

从计算公式来看，企业当期发生的业务招待费实际数额并不是当期的扣除数，需要在实际发生额的基础上乘以 60% 后确认当期扣除数。而且只有计算出的这一扣除数小于或等于扣除限额的，才能全部扣除，超过扣除限额的部分，不予扣除。

但也有特殊情况，如果企业是在筹建期间发生了与筹办活动有关的业务招待费支出，则发生的业务招待费支出可按实际发生额的 60% 全部计入企业筹办费，并按有关规定在税前扣除，此时就不受扣除限额的限制。下面就通过一个具体案例来了解业务招待费扣除限额的计算和运用。

【案例4-10】计算企业的业务招待费扣除限额并判定是否需要调账

2020 年年初，某公司进行上一年度的汇算清缴工作。已知上一年度实现销售收入 960.00 万元，共发生业务招待费 8.00 万元。在会计处理上，企业已经将这 8.00 万元的业务招待费在计缴企业所得税时全额扣除。但税法上只能扣除当年销售收入的 5‰，因此需要进行调账，调账时还要看扣除数是否超过扣除限额。适用企业所得税税率25%，相关计算如下：

2019年业务招待费扣除限额=960.00×5‰=4.80（万元）

2019年税法规定业务招待费扣除数=8.00×60%=4.80（万元）

由于税法规定业务招待费扣除数等于业务招待费扣除限额，没有超过限额，所以这4.80万元可以全额扣除。但因为会计处理上实际扣除的是8.00万元，多扣除了3.20万元。所以需要调增应纳税所得额，相应地增加企业所得税的应缴纳税额。

增加的企业所得税=32 000.00×25%=8 000.00（元）

如果2019年实际发生业务招待费8.50万元，则计算分析结果又会不同。

2019年税法规定业务招待费扣除数=8.50×60%=5.10（万元）

由于税法规定业务招待费扣除数超过了业务招待费扣除限额，所以这5.10万元中只能扣除4.80万元。但会计处理上实际扣除的是8.50万元，多扣除了3.70万元。因此需要调增应纳税所得额，相应地增加企业所得税的应缴纳税额。

增加的企业所得税=3.70×25%=0.925（万元）

由案例可知，企业在计算出业务招待费扣除限额后，还不能将其与当期业务招待费的实际发生额比较，而应该与当期业务招待费实际发生额的60%比较，看哪一个金额低，按照税法规定就扣除哪一个金额。

八、广告宣传费扣除限额的计算

广告宣传费包括广告费和业务宣传费，是两种与企业销售业务有关的费用开支。会计处理上，这两种费用也是据实扣除，在税法规定上却有严格的扣除限额限制。企业发生的符合条件的广告费和业务宣传费支出，除国务院财政、税务主管部门另有规定外，不超过当年销售（营业）收入15%的部分，准予扣除，超过部分，准予在以后纳税年度结转扣除。这一点与职工教育经费很像，本质上广告费和业务宣传费发生多少就可以扣除多少，只不过分不同期间进行扣除。计算公式如下：

当年广告宣传费扣除限额＝当年销售（营业）收入×15%

但实务中存在如下3个特殊情况。

◆ 企业在筹建期间发生的广告费和业务宣传费，可按实际发生额计入企业的筹办费，并按有关规定在税前扣除，没有扣除限额的限制。

◆ 2016年1月1日～2020年12月31日期间，化妆品制造或销售、医药制造和饮料制造（不含酒类制造）企业发生的广告宣传费，不超过当年销售（营业）收入30%的部分，准予扣除；超过部分，准予在以后纳税年度结转扣除。

◆ 烟草企业的烟草广告宣传费，一律不得在计算应纳税所得额时扣除。

【案例4-11】计算企业的广告宣传费扣除限额并判定是否需要调账

2020年年初，某公司进行上一年度的汇算清缴工作。已知上一年度实现销售收入960.00万元，共发生广告宣传费132.00万元。在会计处理上，公司已经将这132.00万元的广告宣传费在计缴企业所得税时全额扣除。但税法上只能扣除当年销售收入的15%，因此需要调账。适用企业所得税税率25%，相关计算如下：

2019年广告宣传费扣除限额＝960.00×15%＝144.00（万元）

由于税法规定广告宣传费扣除限额高于广告宣传费实际发生额，所以这132.00万元可以全额扣除，那么针对广告宣传费，财会人员就不需要做纳税调整。

第 5 章

核算成本与利润的必要公式

对于生产性企业来说，产品成本的核算工作非常重要，它关系着企业后期销售成本的确认，以及最终利润的核算。而利润是企业在一个会计期间的经营成果的体现，只有准确核算利润，才能给企业管理者提供有效的经营数据，便于做出准确的经营决策。生产统计员和财会人员在核算产品成本和经营所获利润时，必然需要借助一定的计算公式才行，所以学习与成本、利润有关的计算公式是非常有必要的。

一、按分配标准分配材料、燃料和动力

对企业来说，无论是外购还是自制的材料、燃料和动力（指水、电等），直接用于产品生产、构成产品实体的原材料，一般都直接计入成本核算对象，如生产部门直接用于生产的，计入生产成本，生产部门间接用于生产的，计入制造费用。但如果这些原材料不能针对某一个或某一类产品进行领用消耗，则需要采用适当的分配方法，将原材料的耗用分配计入各相关产品成本的"直接材料"成本项目。

直接计入某一个或某一类产品的直接材料耗损的计算比较简单，这里介绍这些材料、燃料和动力的分配。常用的分配标准有产品重量、生产工时以及耗用的原材料等。通用计算公式如下：

材料、燃料、动力费用分配率=材料、燃料、动力消耗总额÷分配标准（如产品重量、生产工时和耗用的原材料）

某种产品应负担的材料、燃料、动力费用=该产品的重量、生产工时和耗用原材料等×材料、燃料、动力费用分配率

下面来看一个简单的例子。

【案例5-1】按生产工时分配生产车间耗用的电费

甲公司是一家食品加工企业，有两个生产车间，主要负责生产和销售A、B两种产品。2020年10月，两个生产车间共发生电费5 000.00元，已知一车间生产A产品，生产工时共300个小时，二车间生产B产品，生产工时共360个小时。则10月直接计入A、B产品的电费分别是多少呢？

电费分配率=5 000.00÷（300+360）=7.58（元／工时）

计入 A 产品的电费=7.58×300=2 274.00（元）

计入 B 产品的电费=5 000.00−2 274.00=2 726.00（元）

这里耗用的电费直接用于生产 A、B 两种产品，因此需计入 A、B 两种产品的生产成本中。

除此之外，材料、燃料和动力的分配还可使用其他分配方法进行分配，如按定额消耗量比例分配。

二、按定额消耗量比例分配材料、燃料和动力

定额消耗量指按照正常生产条件制定的，生产一个规定计量单位的合格产品所需的人工、材料或生产工时的社会平均消耗量标准。这种分配方法适用于产品消耗定额比较精准的情况。

材料、燃料和动力等按照各自的定额消耗量比例分配材料、燃料和动力费用的计算公式如下：

某种产品材料、燃料、动力定额消耗量=该种产品实际产量×单位产品材料、燃料、动力的消耗定额

材料、燃料、动力消耗量分配率=材料、燃料、动力实际总消耗量÷各种产品的材料、燃料和动力的定额消耗量之和

某种产品应分配的材料、燃料、动力费用=该种产品的材料、燃料、动力定额消耗量×材料、燃料、动力消耗量分配率×材料、燃料、动力单价

上述计算公式看起来稍显复杂，但使用起来比较简单。下面通过一个案例来了解按定额消耗量比例分配材料的核算。

【案例5-2】按定额消耗量比例分配企业耗用的材料费用

某公司是一家生产服装企业，主营A、B、C这3种服装的生产和销售。2020年10月，该公司生产这3种服装共领用甲材料4 480千克，单价8.00元。已知本月生产A产品100件，每件材料消耗定额为5千克；生产B产品100件，每件材料消耗定额为7.5千克；生产C产品110件，每件材料消耗定额为9千克。暂不考虑其他因素，计算A、B、C这3种产品在10月分别应分配多少甲材料费用？

A产品的材料定额消耗量=100×5=500（千克）

B产品的材料定额消耗量=100×7.5=750（千克）

C产品的材料定额消耗量=110×9=990（千克）

材料消耗量分配率=4 480÷（500+750+990）=2

A产品分配负担的甲材料费用=500×2×8.00=8 000.00（元）

B产品分配负担的甲材料费用=750×2×8.00=12 000.00（元）

C产品分配负担的甲材料费用=990×2×8.00=15 840.00（元）

A、B、C产品甲材料费用合计=8 000.00+12 000.00+15 840.00=35 840.00（元）

一般来说，直接计入产品成本的原材料费用应确认为基本生产成本，账务处理中，借记"生产成本——基本生产成本——××产品"科目，贷记"原材料"科目。

三、按生产工时分配生产职工的薪酬费用

薪酬费用就是常说的职工薪酬，它是指企业在生产产品或提供劳务的过程中发生的各种直接和间接人工费用的总和。而生产职工的薪酬费用，会计

处理上一般计入生产成本；与生产有关的生产车间的管理人员的薪酬费用，一般计入制造费用。在对计入产品成本的生产职工薪酬费用进行分配时，常用计算公式如下：

生产职工薪酬费用分配率=各种产品的生产职工薪酬总额÷各种产品生产工时之和

某种产品应分配的生产职工薪酬=该种产品生产工时×生产职工薪酬费用分配率

下面通过一个简单的例子来看上述计算公式在实务中的运用。

【案例5-3】将生产职工的薪酬费用按生产工时进行分配

某公司是一家生产性企业，在2020年10月发生生产职工薪酬费用共计22.58万元。已知当月生产了两种产品A和B，A产品的生产工时为300个小时，B产品的生产工时为350个小时。那么，当月A和B两种产品分别应分配承担多少生产职工薪酬费用呢？

生产职工薪酬费用分配率=225 800.00÷（300+350）=347.38（元/时）

A产品应分配承担的生产职工薪酬费用=300×347.38=104 214.00（元）

B产品应分配承担的生产职工薪酬费用=225 800.00−104 214.00

=121 586.00（元）

一般来说，直接计入产品成本的职工薪酬费用应确认为基本生产成本，账务处理中，借记"生产成本——基本生产成本——××产品"科目，贷记"应付职工薪酬"科目。实务中，为了更清晰地了解职工薪酬的分配情况，通常会编制职工薪酬分配表，编制依据是职工薪酬结算单据和有关职工薪酬分配标准等。除了按照生产工时对生产职工的薪酬费用进行分配之外，还可以按照产品的定额工时比例进行分配。

四、按产品定额工时比例分配生产职工的薪酬费用

产品定额工时指根据具体的生产技术条件制定出的完成单位产品在各道工序中的加工工作量所需消耗的工时数。定额工时不是实际的工作耗用时间，比如一个生产熟练的工人和一个新手工人完成相同工作所需的工作时间是不同的，但针对相同工作的定额工时是相同的。

企业在取得各种产品的实际生产工时数据比较困难时，可以利用产品定额工时比例对生产职工的薪酬费用进行分配，涉及的计算公式如下：

生产某种产品的定额工时=该种产品投产量×单位产品工时定额

生产职工薪酬费用分配率=各种产品的生产职工薪酬总额÷各种产品的定额工时之和

某种产品应分配负担的生产职工薪酬费用=该种产品的定额工时×生产职工薪酬费用分配率

下面就来看一个例子，学习产品定额工时比例在分配生产职工薪酬费用时的具体应用。

【案例5-4】将生产职工的薪酬费用按产品定额工时比例进行分配

一家主营电风扇生产销售的公司，2020年11月发生生产职工薪酬费用共20.92万元。已知风扇有吊扇和台式风扇两种，当月分别投产300台和150台。每台吊扇的工时定额为2小时，每台台式风扇的工时定额为3小时。按照产品定额工时比例分配生产职工的薪酬费用。

生产吊扇的定额工时=300×2=600（小时）

生产台式风扇的定额工时=150×3=450（小时）

生产职工薪酬费用分配率=209 200.00÷（600+450）=199.24（元/时）

吊扇应分配负担的生产职工薪酬费用=600×199.24=119 544.00（元）

台式风扇应分配负担的生产职工薪酬费用=209 200.00−119 544.00

$$=89\ 656.00（元）$$

五、辅助生产费用的直接分配法怎么算

辅助生产费用主要是为基本生产车间、企业行政管理部门等服务而进行的产品生产和劳务供应，有时也对外销售和服务。通俗点说，辅助生产费用就是企业的辅助生产部门为生产提供工业性产品和劳务所发生的各种费用。

由于辅助生产车间提供的可能是产品，也可能是劳务，所以核算方法会不同，在进行费用分配时要根据实际情况选择采用恰当的方法。

对企业来说，辅助生产费用常采用直接分配法进行分配。直接分配法是指企业不考虑各辅助生产车间之间相互提供产品或劳务的情况，而将各种辅助生产费用直接分配给辅助生产车间以外的各受益单位。

该分配方法计算简单，但分配结果不够准确，适用于辅助生产车间之间相互提供产品和劳务不多、不进行费用的交互分配以及对辅助生产成本和企业产品成本影响不大的情况。涉及的计算公式如下：

某项辅助生产费用分配率=某项辅助生产费用总额÷各受益单位总共接受的产品或服务数量、工时数等

某受益单位应分配负担的某项辅助生产费用=该受益单位接受劳务数量、产品数量或耗费工时数×某项辅助生产费用分配率

下面通过一个具体的案例来学习辅助生产费用通过直接分配法进行分配的计算过程。

【案例5-5】将辅助生产费用按直接分配法进行分配

生产性企业丙公司设有供电和机修两个辅助生产车间。2020年10月，供电车间发生生产费用220.00万元，总共供电度数为190万度，其中机修车间耗用8万度；机修车间发生生产费用105.00万元，总共发生修理工时480小时，其中供电车间发生修理工时20小时。表5-1所示的是供电车间和机修车间分别为其他各受益单位提供的供电度数和修理工时数。

表5-1　资产类会计科目表

辅助生产车间＼各受益单位	供电车间（总供电度数190万度）	机修车间（总修理工时480小时）
生产一车间	68万度	165小时
生产二车间	56万度	185小时
行政管理部门	36万度	65小时
销售部门	22万度	45小时

①用直接分配法分配供电车间发生的生产费用。

各受益单位总共耗用的供电度数=68+56+36+22=182（万度）

供电车间的辅助生产费用分配率=220.00÷182=1.21（元/度）

生产一车间应分配负担的电费=680 000×1.21=822 800.00（元）

生产二车间应分配负担的电费=560 000×1.21=677 600.00（元）

行政管理部门应分配负担的电费=360 000×1.21=435 600.00（元）

销售部门应分配负担的电费=2 200 000.00-822 800.00-677 600.00-435 600.00=264 000.00（元）

②用直接分配法分配机修车间发生的生产费用。

各受益单位总共发生修理工时=165+185+65+45=460（小时）

机修车间的辅助生产费用分配率=1 050 000.00÷460=2 282.61（元／时）

生产一车间应分配负担的修理费=165×2 282.61=376 630.65（元）

生产二车间应分配负担的修理费=185×2 282.61=422 282.85（元）

行政管理部门应分配负担的修理费=65×2 282.61=148 369.65（元）

销售部门应分配负担的修理费=1 050 000.00−376 630.65−422 282.85−148 369.65=102 716.85（元）

账务处理时，将生产一车间和生产二车间发生的电费和修理费分别合计，借记"制造费用——生产一车间"和"制造费用——生产二车间"科目；将行政管理部门发生的电费和修理费合计，借记"管理费用"科目；将销售部门发生的电费和修理费合计，借记"销售费用"科目；按照供电车间和机修车间发生的生产费用，分别贷记"生产成本——辅助生产成本——供电车间"和"生产成本——辅助生产成本——机修车间"科目。这就是分配辅助生产费用时的会计分录。

六、辅助生产费用的交互分配法怎么算

企业的辅助生产费用在进行分配时，还有一种常用的分配方法，即交互分配法。交互分配法指先将辅助生产费用根据各辅助生产车间、部门相互提供的产品或劳务数量计算分配率，在辅助生产车间之间进行交互分配，然后将各辅助生产车间交互分配后的实际费用，按提供的产品数量或劳务量在辅助生产车间以外的各受益单位之间进行分配。

交互分配法的特点是辅助生产费用要进行两次分配，优点是提高了分配的准确性，但同时存在加大分配工作量的缺点。涉及的计算公式如下：

某项辅助生产费用的交互分配率＝某项辅助生产费用总额÷提供产品或劳务数量、工时数等

某辅助生产车间分配给其他辅助生产车间的辅助生产费用＝其他辅助生产车间接受的该车间提供产品或劳务数量、工时数等×某项辅助生产费用的交互分配率

某车间待二次分配的辅助生产费用＝该车间发生的辅助生产费用＋从其他辅助生产车间分配进入的辅助生产费用－从本车间分配出去的辅助生产费用

二次分配的分配率＝某车间待二次分配的辅助生产费用÷各受益单位接受产品或劳务数量、工时数之和

下面在上一个案例的基础上学习辅助生产费用的交互分配法的运用。

【案例5-6】将辅助生产费用按交互分配法进行分配

生产性企业丙公司设有供电和机修两个辅助生产车间，2020年10月，供电车间发生生产费用220.00万元，总共供电度数为190万度，其中机修车间耗用8万度；机修车间发生生产费用105.00万元，总共发生修理工时480小时，其中供电车间发生修理工时20小时。具体的分配计算过程如下。

①用交互分配法先在供电和机修两个辅助生产车间之间分配。

电费的交互分配率＝220.00÷190＝1.16（元/度）

修理费的交互分配率＝1 050 000.00÷480＝2 187.5（元/时）

供电车间分配给机修车间的电费＝80 000×1.16＝92 800.00（元）

机修车间分配给供电车间的电费＝20×2 187.5＝43 750.00（元）

供电车间待二次分配的辅助生产费用=2 200 000.00-92 800.00+43 750.00=2 150 950.00（元）

机修车间待二次分配的辅助生产费用=1 050 000.00-43 750.00+92 800.00=1 099 050.00（元）

②将待二次分配的辅助生产费用分配到各受益车间中。

电费二次分配的分配率=2 150 950.00÷（1 900 000-80 000）=1.18（元/度）

修理费二次分配的分配率=1 099 050.00÷（480-20）=2 389.24（元/时）

由表5-1中展示的数据可进行如下分配计算。

生产一车间分配负担的电费=680 000×1.18=802 400.00（元）

生产一车间分配负担的修理费=165×2 389.24=394 224.60（元）

生产二车间分配负担的电费=560 000×1.18=660 800.00（元）

生产二车间分配负担的修理费=185×2 389.24=442 009.40（元）

行政管理部门分配负担的电费=360 000×1.18=424 800.00（元）

行政管理部门分配负担的修理费=65×2 389.24=155 300.60（元）

销售部门分配负担的电费=2 150 950.00-802 400.00-660 800.00-424 800.00=262 950.00（元）

销售部门分配负担的修理费=1 099 050.00-394 224.60-442 009.40-155 300.60=107 515.40（元）

由案例可知，通过交互分配法分配辅助生产费用与直接分配法分配的结果显然不同。实务中，企业应根据自身的辅助生产费用的实际情况，选择合适的分配方法进行分配。

除了有直接分配法和交互分配法之外，企业发生的辅助生产费用还可以用计划成本分配法、顺序分配法和代数分配法等方法进行分配。

计划成本分配法指辅助生产为各受益单位提供的产品或劳务都按产品或劳务的计划单位成本进行分配，而辅助生产车间实际发生的费用与按计划单位成本分配转出的费用之间的差额，采用简化计算的方法全部计入管理费用。这种方法适用于辅助生产产品或劳务的计划单位成本比较准确的企业，不但可以方便考核和分析各受益单位的成本，还有利于分清各单位的经济责任，但是成本分配不够准确。

顺序分配法指按照辅助生产车间受益多少的顺序分配生产费用，受益少的先分配，受益多的后分配，先分配的辅助生产车间不负担后分配的辅助生产车间的生产费用。这种方法适用于各辅助生产车间之间相互受益程度有明显顺序的企业。

代数分配法指先根据解联立方程的原理，计算辅助生产产品或劳务的单位成本，然后根据各受益单位耗用的数量和单位成本分配辅助生产费用。这种方法对辅助生产费用的分配结果是最正确的，但在辅助生产车间较多的情况下，联立方程的未知数就会很多，计算工作会很复杂，所以一般适用于已经实现会计电算化的企业。

七、用约当产量法将生产费用分配给在产品和完工产品

在产品是指没有完成全部生产过程、不能作为商品销售的产品，包括正在车间进行加工的在产品和已经完成一个或几个生产步骤，但还需要继续加工的半成品，但不包括可以对外销售的自制半成品。

完工产品指在一个企业内部已经完成全部生产过程、按规定标准检验合格的可供销售的产品，因此也可称为"产成品"。

实务中，企业通常以一个月为一个会计期间，但企业不能保证每个月月底都只有完工产品而没有在产品。因此需要将生产费用在在产品和完工产品之间进行分配，这样核算出来的产品成本和销售成本才会更准确。

对大多数企业来说，生产费用在在产品和完工产品之间进行分配时常用的方法为约当产量法，指将月末实际结存的在产品数量，按其完工程度折算成相当于完工产品的产量（即约当产量），然后将生产费用按在产品约当产量和完工产品产量之间的比例进行分配，计算在产品成本和完工产品成本的一种方法。该方法的使用关键在于正确确定在产品的完工程度和原材料的投入生产方式。相关计算公式如下：

在产品约当产量=在产品实际产量×完工程度

单位成本=（月初在产品成本+当月发生的生产费用）÷（在产品约当产量+完工产品产量）

在产品成本=在产品约当产量×单位成本

完工产品成本=完工产品产量×单位成本

需要注意的是，如果原材料是在当月一次性投入生产，则在产品不需要按照约当产量核算应分配负担的原材料费用，直接按照在产品实际产量进行分配。下面就通过具体的案例来学习。

【案例5-7】生产费用在完工产品和在产品之间的分配

2020年11月初，甲公司A产品的在产品成本42.38万元。已知当月一次性投入生产用原材料成本为76.42万元，发生直接人工成本25.98万元，制造费用14.26万元。月末A产品的完工产品2 500件，在产品500件，完工程度均为50%。对应的分配计算过程如下：

①直接材料的分配。

由于直接材料在本月一次性投入生产，因此在分配时不需要折算在产品的约当产量。

在产品分配负担的直接材料成本=764 200.00÷（2 500+500）×500

$$=127\ 366.67（元）$$

完工产品分配负担的直接材料成本=764 200.00÷（2 500+500）×2 500

$$=636\ 833.33（元）$$

②直接人工的分配。

在产品折算的约当产量=500×50%=250（件）

在产品分配负担的直接人工成本=259 800.00÷（2 500+250）×250

$$=23\ 618.18（元）$$

完工产品分配负担的直接人工成本=259 800.00÷（2 500+250）×2 500

$$=236\ 181.82（元）$$

③制造费用的分配。

在产品分配负担的制造费用=142 600.00÷（2 500+250）×250

$$=12\ 963.64（元）$$

完工产品分配负担的制造费用=142 600.00÷（2 500+250）×2 500

$$=129\ 636.36（元）$$

④核算在产品成本和完工产品成本。

A产品本月在产品成本=127 366.67+23 618.18+12 963.64=163 948.49（元）

A产品本月完工产品成本=636 833.33+236 181.82+129 636.36=1 002 651.51（元）

注意，月末一般要将完工产品成本转入库存商品中，借记"库存商品——A产品"科目，贷记"生产成本——基本生产成本"科目。

八、按定额比例法分配生产成本

定额比例法是指产品的生产成本在完工产品和月末在产品之间，按照两者的定额消耗量或定额成本比例进行分配的方法。

其中，直接材料成本可按完工产品和在产品的直接材料的定额消耗量或定额成本比例进行分配；直接人工成本可以按完工产品和在产品的定额成本的比例进行分配，也可以按定额工时比例进行分配；制造费用一般按定额工时比例进行分配。

该方法适用于各项消耗定额或成本定额比较准确、稳定，但各月末在产品数量变动较大的产品。相关计算公式如下：

完工产品直接材料定额消耗比例=完工产品定额材料成本÷（完工产品定额材料成本+月末在产品定额材料成本）×100%

月末在产品直接材料定额消耗比例=月末在产品定额材料成本÷（完工产品定额材料成本+月末在产品定额材料成本）×100%

完工产品分配负担的直接材料成本=（月初在产品实际材料成本+当月投入的实际材料成本）×完工产品直接材料定额消耗比例

月末在产品分配负担的直接材料成本=（月初在产品实际材料成本+当月投入的实际材料成本）×月末在产品直接材料定额消耗比例

完工产品定额工时比例=完工产品定额工时÷（完工产品定额工时+月末在产品定额工时）×100%

月末在产品定额工时比例=月末在产品定额工时÷（完工产品定额工时+月末在产品定额工时）×100%

完工产品分配负担的直接人工成本=（月初在产品实际人工成本+当月投入的实际人工成本）×完工产品定额工时比例

完工产品分配负担的制造费用＝（月初在产品制造费用+当月投入的制造费用）×完工产品定额工时比例

月末在产品分配负担的直接人工成本＝（月初在产品实际人工成本+当月投入的实际人工成本）×月末在产品定额工时比例

月末在产品分配负担的制造费用＝（月初在产品制造费用+当月投入的制造费用）×月末在产品定额工时比例

下面通过一个具体的案例来学习如何使用定额比例法分配直接材料成本和直接人工成本。

【案例5-8】采用定额比例法分配产品的生产成本

某公司为一家服装生产加工企业，2020年11月初B产品的在产品成本和当月投入的直接材料、直接人工和发生的制造费用见表5-2。已知B产品当月完工数量为3 000件，在产品数量有600件，完工程度为50%，单位产品的定额消耗量和定额工时为，材料54.00元/件，32小时/件。要求按定额比例法计算在产品成本和完工产品成本。

表5-2　月初在产品成本和当月投入成本　　　　单位：元

项目	直接材料	直接人工	制造费用	合计
月初在产品成本	113 200.00	74 400.00	56 300.00	243 900.00
当月投入成本	162 600.00	103 200.00	60 800.00	326 600.00
合计	275 800.00	177 600.00	117 100.00	570 500.00

①直接材料成本的分配。

完工产品定额材料成本+月末在产品定额材料成本=3 000×54.00+600×54.00=194 400.00（元）

月末在产品直接材料定额消耗比例=600×54.00÷194 400.00×100%=16.67%

完工产品直接材料定额消耗比例=3 000×54.00÷194 400.00×100%=83.33%

月末在产品分配负担的直接材料成本=275 800.00×16.67%=45 975.86（元）

完工产品分配负担的直接材料成本=275 800.00×83.33%=229 824.14（元）

②直接人工成本的分配。

月末在产品的约当产量=600×50%=300（件）

完工产品定额工时＋月末在产品定额工时=3 000×32+300×32=105 600（小时）

月末在产品定额工时比例=300×32÷105 600×100%=9.09%

完工产品定额工时比例=3 000×32÷105 600×100%=90.91%

月末在产品分配负担的直接人工成本=177 600.00×9.09%=16 143.84（元）

完工产品分配负担的直接人工成本=177 600.00×90.91%=161 456.16（元）

③制造费用的分配。

在产品同样需要根据其约当产量和定额工时比例进行相关计算分配。

月末在产品分配负担的制造费用=117 100.00×9.09%=10 644.39（元）

完工产品分配负担的制造费用=117 100.00×90.91%=106 455.61（元）

④月末核算在产品成本和完工产品成本。

月末在产品成本=45 975.86+16 143.84+10 644.39=72 764.09（元）

完工产品成本=229 824.14+161 456.16+106 455.61=497 735.91（元）

九、先进先出法计算存货发出成本的公式

先进先出法是指企业以先购入的存货或材料先发出或先领用这样一种实物流动假设为前提，对发出存货进行计价的一种方法。可简单以下列计算公

式来表示：

$$发出存货成本=\sum（每次发出存货数量×当次发出存货的单价）$$

$$期末结存存货成本=月初结存存货成本+本月购入存货成本-发出存货成本$$

使用先进先出法可随时结转存货或材料的发出成本，但计算过程比较烦琐，如果企业存货或材料的手法业务较多，且存货单价不稳定，则成本核算员的工作量会非常大。除此以外，先进先出法也有不足，当物价持续上升时，期末存货成本接近市价而发出成本偏低，会低估企业当期的成本并高估当期利润。但即便如此，财会人员还是需要了解先进先出法如何核算存货成本。下面就来看一个具体案例。

【案例5-9】采用先进先出法核算材料的发出成本

甲公司是一家生产性企业，生产过程中需要用到的材料有一种 C 材料。2020 年 11 月初，该种材料结存 2 200 千克，实际成本为 10.00 元 / 千克。11 月 6 日和 23 日分别又购入该材料 5 000 千克和 3 000 千克，实际成本分别为 9.00 元 / 千克和 10.50 元 / 千克；11 月 9 日和 24 日分别领用该材料 5 000 千克和 3 000 千克。按先进先出法核算发出材料成本和结存材料成本。

① 11 月初，计算结存材料成本。

月初结存材料成本=2 200×10.00=22 000.00（元）

② 11 月 6 日，购入材料 5 000 千克，单价 9.00 元。

结存材料成本=22 000.00+5 000×9.00=67 000.00（元）

③ 11 月 9 日，领用材料 5 000 千克，其中 2 200 千克的单价为 10.00 元，2 800 千克的单价为 9.00 元。

发出材料成本=2 200×10.00+2 800×9.00=47 200.00（元）

结存材料成本=67 000.00-47 200.00=19 800.00（元）

④ 11 月 23 日，购入材料 3 000 千克，单价 10.50 元。

结存材料成本=19 800.00+3 000×10.50=51 300.00（元）

⑤ 11 月 24 日，领用材料 3 000 千克，其中 2 200 千克（5 000−2 800）的单价为 9.00 元，800 千克的单价为 23 日购进的 10.50 元。

发出材料成本=2 200×9.00+800×10.50=28 200.00（元）

结存材料成本=51 300.00−28 200.00=23 100.00（元）

⑥计算该公司当月 C 材料的总发出成本。

C 材料当月总发出成本=47 200.00+28 200.00=75 400.00（元）

月末结存 C 材料成本=22 000.00+5 000×9.00+3 000×10.50−75 400.00

=23 100.00（元）

根据上述计算过程及核算结果可编制图 5−1 所示的材料明细账。

C材料购入领用结存明细

编制单位：××公司　　　　　　　　　　　　2020年11月　　　　　　　　　　　　金额单位：元

日期		摘要	购入			发出			结存		
月	日		数量（千克）	单价	金额	数量（千克）	单价	金额	数量（千克）	单价	金额
11	1	月初结存							2 200	10.00	22 000.00
	6	购入	5 000	9.00	45 000.00				2 200 5 000	10.00 9.00	22 000.00 45 000.00
	9	发出				2 200 2 800	10.00 9.00	22 000.00 25 200.00	2 200	9.00	19 800.00
	23	购入	3 000	10.50	31 500.00				2 200 3 000	9.00 10.50	19 800.00 31 500.00
	24	发出				2 200 800	9.00 10.50	19 800.00 8 400.00	2 200	10.50	23 100.00
	30	合计	8 000		76 500.00	8 000		75 400.00	2 200	10.50	23 100.00

图 5−1　先进先出法的材料明细账

十、一次加权平均法计算存货发出成本的公式

这里所说的一次加权平均法是指月末一次加权平均法，即企业以当月全部进货数量加上月初存货数量作为权数，去除当月全部进货成本加上月初存货结存成本之和，计算出存货的加权平均单位成本，再以此为基础计算出当月发出存货的成本和期末结存存货成本。

该方法可以简化成本计算的工作，但无法从账面上提供详细的发出和结存存货的单价及金额情况，不利于存货成本的日常管理与控制。相关计算公式如下：

存货一次加权平均单位成本=[月初结存存货成本+∑（当月各批次进货的实际单位成本×当月各批次进货数量）]÷（月初结存存货数量+当月各批次进货数量之和）

当月发出存货成本=当月发出存货数量×存货一次加权平均单位成本

月末结存存货成本=月末结存存货数量×存货一次加权平均单位成本

在【案例5-9】的基础上，采用月末一次加权平均法核算存货的发出成本和月末结存成本。

【案例5-10】采用月末一次加权平均法核算材料的发出成本

甲公司是一家生产性企业，生产过程中需要用到的材料有一种C材料。2020年11月初，该种材料结存2 200千克，实际成本为10.00元/千克。11月6日和23日分别又购入该材料5 000千克和3 000千克，实际成本分别为9.00元/千克和10.50元/千克；11月9日和24日分别领用该材料5 000千克和3 000千克。按月末一次加权平均法核算发出材料成本和结存材料成本。

①计算存货一次加权平均单位成本。

存货一次加权平均单位成本=（2 200×10.00+5 000×9.00+3 000×10.50）÷（2 200+5 000+3 000）=9.66（元／千克）

②计算当月发出存货的成本和结存存货的成本。

当月发出存货成本=（5 000+3 000）×9.66=77 280.00（元）

月末结存存货成本=（2 200+5 000+3 000−5 000−3 000）×9.66=21 252.00（元）

也可以直接用月初结存存货成本与当月进货总成本之和减去当月发出存货成本，计算得出月末结存存货成本，即：

月末结存存货成本=2 200×10.00+5 000×9.00+3 000×10.50−77 280.00

＝21 220.00（元）

注意，这里用两种方法计算出的月末结存存货的成本数额不同，原因是在计算存货一次加权平均单位成本时涉及数据的四舍五入，不影响正常的分析学习。

根据月末一次加权平均法核算材料的发出成本，可由此编制图5-2所示的材料收发明细账。

C材料购入领用结存明细

编制单位：××公司　　　　　　　　　2020年11月　　　　　　　　　金额单位：元

日期		摘要	购入			发出			结存		
月	日		数量（千克）	单价	金额	数量（千克）	单价	金额	数量（千克）	单价	金额
11	1	月初结存							2 200	10.00	22 000.00
	6	购入	5 000	9.00	45 000.00				7 200	—	67 000.00
	9	发出				5 000	—	—	2 200	—	—
	23	购入	3 000	10.50	31 500.00				5 200		98 500.00
	24	发出				3 000	—	—	2 200		—
	30	合计	8 000	—	76 500.00	8 000	—	—	2 200	9.66	21 252.00

图5-2　月末一次加权平均法的材料明细账

十一、移动加权平均法计算存货发出成本的公式

移动加权平均法与月末一次加权平均法类似，但比月末一次加权平均法的算法更复杂。移动加权平均法是企业按照实际成本进行材料明细分类核算时，以各批次材料或存货的收入数量和上一批次结存材料或存货的数量之和为权属，计算材料平均单位成本的一种方法。

也就是说，使用移动加权平均法计算存货的发出成本时，每购进一批材料或商品就需要重新计算一次加权平均单位成本，再据此作为领用材料或发出商品的单位成本。相关计算公式如下：

移动加权平均单位成本＝（本次购货前结存存货成本＋本次购货实际成本）÷（本次购货前结存存货数量＋本次购货数量）

同样在【案例5-9】的基础上，采用移动加权平均法计算存货的发出成本和结存成本。

【案例5-11】采用移动加权平均法核算材料的发出成本

甲公司是一家生产性企业，生产过程中需要用到的材料有一种C材料。2020年11月初，该种材料结存2 200千克，实际成本为10.00元／千克。11月6日和23日分别又购入该材料5 000千克和3 000千克，实际成本分别为9.00元／千克和10.50元／千克；11月9日和24日分别领用该材料5 000千克和3 000千克。按移动加权平均法核算发出材料成本和结存材料成本。

①核算11月初C材料的结存成本。

月初材料结存成本＝2 200×10.00＝22 000.00（元）

②11月6日购入5 000千克单价为9.00元的C材料，计算移动加权平

均单位成本。

$$移动加权平均单位成本=（22\,000.00+5\,000×9.00）÷（2\,200+5\,000）$$
$$=9.31（元／千克）$$

③11月9日领用5\,000千克材料，按照移动加权平均单位成本计算。

$$发出材料成本=5\,000×9.31=46\,550.00（元）$$

$$结存材料成本=（2\,200+5\,000-5\,000）×9.31=20\,482.00（元）$$

④11月23日购入3\,000千克单价为10.50元的C材料，重新计算移动加权平均单位成本。

$$移动加权平均单位成本=（20\,482.00+3\,000×10.50）÷（2\,200+5\,000-$$
$$5\,000+3\,000）=10.00（元）$$

⑤11月24日领用3\,000千克材料，按照新的移动加权平均单位成本计算。

$$发出材料成本=3\,000×10.00=30\,000.00（元）$$

$$结存材料成本=（2\,200+5\,000-5\,000+3\,000-3\,000）×10.00=22\,000.00（元）$$

按照移动加权平均法核算材料的发出成本和结存成本的过程，可编制图5-3所示的材料明细账。

C材料购入领用结存明细

编制单位：××公司　　　　　　　　　　　　2020年11月　　　　　　　　　　　　金额单位：元

日期		摘要	购入			发出			结存		
月	日		数量（千克）	单价	金额	数量（千克）	单价	金额	数量（千克）	单价	金额
11	1	月初结存							2 200	10.00	22 000.00
	6	购入	5 000	9.00	45 000.00				7 200	9.31	67 000.00
	9	发出				5 000	9.31	46 550.00	2 200	9.31	20 482.00
	23	购入	3 000	10.50	31 500.00				5 200	10.00	51 982.00
	24	发出				3 000	10.00	30 000.00	2 200	10.00	22 000.00
	30	合计	8 000		76 500.00	8 000		76 550.00	2 200	10.00	22 000.00

图5-3　移动加权平均法的材料明细账

实际上，无论是采用月末一次加权平均法，还是采用移动加权平均法，这两种方法核算存货的发出成本和结存成本都遵循了先进先出法的实物流动假设，然而并不是所有方法都这样。

十二、个别计价法计算存货发出成本的公式

个别计价法是指企业对发出的存货分别认定其单位成本和发出存货成本的方法，简单来说就是，发出存货对应的购进单价是多少，发出时就以该进货单价为单位成本，并在此基础上计算发出存货的成本。相关计算公式如下：

发出存货的成本$=\sum$（各批次存货发出数量×该批次存货实际进货单价）

该方法实际上与先进先出法类似，但明显的不同是，个别计价法可以适用随意领取材料的情况，领用的是哪一批材料，就按照该批材料的进货单价计算发出成本。该方法在实际操作时工作量较大，计算比较复杂烦琐，适用于材料或商品的批次容易识别、品种数量不多的存货。

也是在【案例5-9】的基础上，用个别计价法计算材料的发出成本。

【案例5-12】采用个别计价法核算材料的发出成本

甲公司是一家生产性企业，生产过程中需要用到的材料有一种 C 材料。2020 年 11 月初，该种材料结存 2 200 千克，实际成本为 10.00 元 / 千克。11 月 6 日和 23 日分别又购入该材料 5 000 千克和 3 000 千克，实际成本分别为 9.00 元 / 千克和 10.50 元 / 千克；11 月 9 日和 24 日分别领用该材料 5 000 千克（2 000 千克单价为 10.00 元，3 000 千克单价为 9.00 元）和 3 000 千克（200 千克单价为 10.00 元，1 500 千克单价为 9.00 元，1 300 千克单价为 10.50 元）。

按个别计价法核算发出材料成本和结存材料成本。

① 11 月初，核算 C 材料的结存成本。

月初材料结存成本=2 200×10.00=22 000.00（元）

② 11 月 6 日，购入 5 000 千克单价为 9.00 元的 C 材料，核算结存成本。

材料结存成本=22 000.00+5 000×9.00=67 000.00（元）

③ 11 月 9 日，领用 5 000 千克材料，其中 2 000 千克单价为 10.00 元，3 000 千克单价为 9.00 元。

发出材料成本=2 000×10.00+3 000×9.00=47 000.00（元）

材料结存成本=67 000.00－47 000.00=20 000.00（元）

④ 11 月 23 日，购入 3 000 千克单价为 10.50 元的 C 材料，核算结存成本。

材料结存成本=20 000.00+3 000.00×10.50=51 500.00（元）

⑤ 11 月 24 日，领用 3 000 千克材料，其中 200 千克单价为 10.00 元，1 500 千克单价为 9.00 元，1 300 千克单价为 10.50 元。

发出材料成本=200×10.00+1 500×9.00+1 300×10.50=29 150.00（元）

材料结存成本=51 500.00－29 150.00=22 350.00（元）

十三、销售保本点的计算

销售保本点就是指总销售收入与总销售成本相等时的销售量或销售额。这时企业既不盈利也不亏损，所以也将保本点称为"损益平衡点"或"盈亏临界点"。

一般来说，超过销售保本点的业务量，企业会盈利；低于销售保本点的业务量，企业会亏损。企业的销售保本点越低，说明企业产品的盈利能力越强，即业务量在较小的情况下企业就可以达到保本状态了。

要计算企业的销售保本点，必须掌握如下一些计算公式：

销售保本点（销售量）=固定成本总额÷（单价−单位变动成本）

单位贡献毛益=单价−单位变动成本

销售保本点的收入=当期固定成本总额÷（1−变动成本率）

变动成本率=单位变动成本÷单价×100%

下面就来看一个简单的实例。

【案例5-13】计算产品的销售保本点和保本点收入

某公司以生产销售 A 产品为主营业务，2020 年 11 月产品的固定成本总额为 21.00 万元，当月售出的 A 产品单价均为 75.00 元，而该产品的单位变动成本为 10.00 元。计算销售保本点和保本点收入。

销售保本点=210 000.00÷（75.00−10.00）=3 230.77（件）

变动成本率=10.00÷75.00×100%=13.33%

销售保本点的收入=210 000.00÷（1−13.33%）=242 298.37（元）

也就是说，11 月公司的销售数量超过 3 230.77 件，就会获利；相反，如果低于 3 230.77 件，比如就是 3 230 件，公司就会发生亏损。

实务中，企业的销售保本点受诸多因素影响，如产品的销售单价、产品的单位变动成本、产品的固定成本以及产品品种的构成。生产单一产品的企业，其销售保本点可用"销售保本点 = 固定成本总额 ÷ 单位贡献毛益"来计算，但生产多种产品的企业，其销售保本点需要用"销售保本点 = 固定成本总额 ÷ 加权平均单位贡献毛益"来计算，这样更准确。

十四、主营业务利润的计算

主营业务的利润在会计上称为"主营业务利润",它是主营业务收入减去主营业务成本和税金及附加等税费得来的利润。由此可概括出如下所示的主营业务利润计算公式:

主营业务利润=主营业务收入-主营业务成本-主营业务的税金及附加

对于正常经营的企业来说,企业的主营业务利润应该是利润总额的最主要的组成部分,占比应该是最大的,而其他业务利润、投资收益和营业外收支等比重不应过高。下面通过一个简单的例子来看看主营业务利润的计算。

【案例5-14】计算企业当月的主营业务利润

2020年10月,甲公司取得主营业务收入34.26万元,对应的主营业务成本有17.58万元,对应的税金及附加共5.48万元,由此算出公司当月的主营业务利润。

主营业务利润=34.26-17.58-5.48=11.20(万元)

需要注意的是,在计算主营业务利润时一般不考虑管理费用、销售费用和财务费用等期间费用的,也不考虑信用减值损失、资产处置损益等。

知识延伸 | 其他业务利润的计算

其他业务利润与主营业务利润相似,都是因为业务的发生而产生。其他业务利润指企业除主营业务以外的其他业务收入扣除其他业务成本、费用和对应的税费后的利润。因此,相关计算公式如下:

其他业务利润=其他业务收入-其他业务成本-其他业务的税金及附加

十五、营业利润的计算

营业利润也称销售利润或经营利润，是企业全部销售业务实现的利润，主要包括主营业务利润、其他业务利润和其他转入当期损益的收益。计算公式如下：

营业利润=主营业务收入−主营业务成本+其他业务收入−其他业务成本−税金及附加−销售费用−财务费用−管理费用−资产减值损失−信用减值损失+公允价值变动收益（−公允价值变动损失）+投资收益（−投资损失）等

在【案例5-14】的基础上，根据相关数据，计算企业当月的营业利润。

【案例5-15】计算企业当月的营业利润

2020年10月，甲公司取得主营业务收入34.26万元，对应的主营业务成本有17.58万元，对应的税金及附加共5.48万元；其他业务收入7.28万元，对应的其他业务成本有4.46万元，对应的税金及附加共1.84万元；当月发生销售费用4.32万元，管理费用5.08万元，财务费用0.08万元；未发生资产减值损失和信用减值损失，有公允价值变动收益4.12万元，投资收益3.80万元。由此算出公司当月实现的营业利润。

营业利润=34.26−17.58+7.28−4.46−（5.48+1.84）−4.32−5.08−0.08+4.12+3.80=10.62（万元）

也可先计算出主营业务利润和其他业务利润，然后再计算营业利润。

主营业务利润=11.20（万元）

其他业务利润=7.28−4.46−1.84=0.98（万元）

营业利润=11.20+0.98−4.32−5.08−0.08+4.12+3.80=10.62（万元）

十六、利润总额的计算

利润总额指企业在一定时期内通过生产经营活动实现的最终财务成果，它不仅包括了日常经营活动产生的主营业务利润和其他业务利润，还包括了企业的营业外收入净额，即营业外收入与营业外支出的差额。换句话说，企业的利润总额包括营业利润和营业外净收支。相关计算公式如下：

利润总额＝营业利润＋营业外收入－营业外支出

表5-3所示的是上述公式中营业外收入和营业外支出的内容。

表5-3　企业营业外收入和营业外支出的内容

项目	内容
营业外收入	①非流动资产处置利得：由于自然灾害等非正常原因处置固定资产而发生的净收入。 ②非货币性资产交换利得：指在非货币性资产交换中换出资产为固定资产或无形资产的，换入资产公允价值大于换出资产账面价值的差额，扣除相关费用后的净额。 ③债务重组利得、盘盈利得（一般指企业库存现金的盘盈利得）、因债权人原因确实无法支付的应付款项、政府补助、教育费附加的返还款以及罚款收入等
营业外支出	①非流动资产处置损失：由于自然灾害等非正常原因处置固定资产而发生的净损失。 ②非货币性资产交换损失：指在非货币性资产交换中换出资产为固定资产或无形资产的，换入资产公允价值小于换出资产账面价值的差额，扣除相关费用后的净额。 ③债务重组损失、公益性捐赠支出、非常损失和盘亏损失等

利润总额是衡量企业经营业绩的一个重要经济指标，因此它的计算正确性不容忽视。在【案例5-15】的基础上，根据相关情况核算出企业的利润总额。

【案例5-16】计算企业当月的利润总额

已知某公司 2020 年 10 月实现营业利润 10.62 万元，当月发生营业外收入 2.12 万元，营业外支出 1.50 万元。计算公司当月的利润总额。

利润总额=10.62+2.12-1.50=11.24（万元）

十七、净利润的计算

净利润也称税后利润，是企业当期获取的利润总额扣减所得税费用后的余额。在企业不存在纳税调整事项的情况下，所得税费用就是当期应缴纳的企业所得税，即企业实现的利润总额按照所得税法规定的企业所得税税率计算缴纳的税款；如果企业存在纳税调整事项，则所得税费用很可能不等于当期应缴纳的企业所得税，此时需要经营一定的纳税调整与核算才能确定当期最终的所得税费用。相关计算公式如下：

净利润=利润总额-所得税费用

所得税费用=当期应缴纳企业所得税+递延所得税负债-递延所得税资产

当"所得税费用 = 当期应缴纳企业所得税"时，可将净利润的计算公式变形为如下所示的公式：

净利润=利润总额×（1-企业所得税税率）

【案例5-17】计算企业当月的净利润

在【案例5-16】的基础上，已知某公司2020年10月的利润总额为11.24万元，适用企业所得税税率25%，当期没有任何纳税调整项目。计算当月公司净利润。

所得税费用=当期应缴纳企业所得税=112 400.00×25%=28 100.00（元）

净利润=112 400.00-28 100.00=84 300.00（元）

第 6 章

工资、社保和住房公积金的计算

工资、社保和住房公积金不仅关系到企业员工的个人利益，还关系到企业的经营管理过程中的成本费用管控问题。因此，正确核算企业员工的工资、社保和住房公积金等数额，不仅可以稳固企业在员工心中的形象，还能提高企业成本费用的核算水平，便于企业管控成本费用，避免企业消耗不必要的开支。工资、社保和住房公积金的核算虽不复杂，但很多细节需要注意，本章就来详细地学习相关内容。

一、计时工资的核算

计时工资指企业根据职工的工作时间，按照一定的工资标准和等级计算应支付工资的一种计薪方式。其中，工资标准指每个职工在单位时间内所得的工资额。职工等级不同、工种不同或者职务不同，工资标准都会不同。

计时工资主要有小时工资制、日工资制、周工资制、月工资制和年薪制。无论是哪种工资制，计时工资都有两个决定因素，一是工资标准，二是实际工作时间。

在运用计时工资方式核算员工工资时，涉及的计算公式比较多，财会人员需根据实际情况选取恰当的公式进行计算：

年工作日=365-104（休息日）-11（法定节假日）=250（天）

月工作日=250÷12=20.83（天/月）

工作小时数=年工作日×8（小时/天）

月计薪天数=（365-104）÷12=21.75（天/月）

月工资收入=月计薪天数×8（小时/天）×小时工资标准

日工资收入=月工资收入÷月计薪天数

按照我国《劳动法》的规定，法定节假日用人单位应依法向职工支付工资。因此，折算日工资和小时工资时不剔除国家规定的11天法定节假日，所以上述"月工作日"和"月计薪天数"是不同的。

利用工资标准和工作时间来确定的工资，一般来说属于企业职工的基本工资，不是职工最终的工资数额。下面通过一个案例来学习计时工资的计算方法。

【案例6-1】计时工资的计算

某公司经营所在地为北京市，按照相关法律法规的规定，小时工资标准为最低 24.00 元。根据相关计算公式，计算出如下计时工资。

月工资收入（基本工资）=月计薪天数×8×24.00=21.75×8×24.00
=4 176.00（元）

日工资收入（基本工资）=21.75×8×24.00÷21.75=192.00（元）

年工资收入（基本工资）=月工资收入×12=4 176.00×12=50 112.00（元）

实务中，使用周工资制的情况比较少，常用的就是月工资制和日工资制，大多数公司的高层管理人员则采用年薪制。小时工资制则适用于一些临时工，如发传单、家庭保洁。

计时工资在计算时，关键要区分工作日和计薪天数，二者并不相同。

二、计件工资的核算

计件工资是指企业按照劳动者生产合格产品的数量和预先规定的计件单价计算和支付劳动报酬的一种计薪方式。该计薪方式充分体现了"按劳分配"的原则，劳动者多劳多得、少劳少得。

一般来说，企业在实行计件工资时，计件单价按照日工资额除以日产量来确定，但有些企业则相反，先规定计件单价，然后根据日产量来确定日工资额。

计件工资的计算可通过如下所示的公式完成：

$$日计件工资=计件单价×日产量$$

$$月计件工资=计件单价×月产量$$

下面通过一个简单的案例学习计件工资的算法。

【案例6-2】计件工资的计算

某公司是一家食品加工厂，生产加工车间的工人工资实行计件工资制。按照当地最低工资标准的规定，公司规定计件单价为15.00元。已知生产人员李勋在2020年11月2日共生产食品25件，当月共生产食品580件。计算11月2日李勋的计件工资以及11月全部计件工资。

日计件工资=25×15.00=375.00（元）

月计件工资=580×15.00=8 700.00（元）

> **知识延伸 | 计件工资的常用形式**
>
> ①无限计件工资：员工的计件工资收入完全取决于其单位时间内生产合格产品数量的多少和事先规定的固定计件单价。在这种工资制度下，即使工当月的计件工资远远超过所有员工的平均工资，公司也不会限制其工作量。
>
> ②有限计件工资：对员工单位时间能够获取的计件工资总额予以一定的限制，比如对个人计件工资规定最高限额，或者采用超额累退计件单价等形式。这样，员工生产数量达到最高限制数量后，即使再多生产产品，企业也将不再支付对应的工资。
>
> 超额累退计件单价是指员工生产数量超过最高限额后，超过部分的产量按照一定的区间，逐级递减计件单价。
>
> ③超额计件工资：即计时计件混合工资，一般在劳动定额内，按计时工资制发给员工标准工资，超额部分按计件工资制发放计件工资。
>
> ④包工工资：这是一种集体计件工资形式，即用工单位将比较系统的生产任务或工程建设，发包给工人班组或工程队，并与工人班组或工程队事先通过签订合同规定任务完成时间、包工工资总额和其他要求。这里的包工工资总额对于整个工人班组或工程队来说就是计件工资。

三、加班工资的计算

加班工资的前身是"加班费"，它是指劳动者按照用人单位生产和工作的需要，在规定工作时间之外，继续生产劳动或工作而应该获得的劳动报酬。加班工资主要包括如下三种情形：

◆ 在标准工作日（通常是周一至周五）内延长工作时间而应该获得的加班工资。

◆ 在休息日（通常是周六和周日）工作且不能享受补休而应该获得的加班工资。

◆ 在法定节假日工作的而应该获得的加班工资。

这里需要注意，我国《劳动法》在规定支付加班费的具体标准时，没有明确说明法定节假日安排工作可以进行补休来避免支付加班工资。因此，实务中企业要么选择安排员工在法定节假日工作并向其支付加班工资，要么选择不安排员工在法定节假日工作。

不同的加班情形，对应的加班工资计算标准是不同的，主要有如下三种：

◆ **在标准工作日内延长工作时间**：向员工支付不低于工资的 150% 的工资报酬。

◆ **在休息日安排员工工作**：向员工支付不低于工资的 200% 的工资报酬。

◆ **在法定节假日安排员工工作**：向员工支付不低于工资的 300% 的工资报酬。

根据不同的已知条件，企业工资核算员需要选择对应的计算公式来核算员工的加班工资。

标准工作日加班工资=加班小时数×小时工资标准×150%

休息日加班工资=加班天数×日工资标准×200%

=加班小时数×小时工资标准×200%

法定节假日加工工资=加班天数×日工资标准×300%

=加班小时数×小时工资标准×300%

小时工资标准=日工资标准÷8（小时/天）

日工资标准=月工资标准÷21.75（天/月）

下面来看一个具体案例，学习加班工资的计算。

【案例6-3】员工在标准工作日的加班工资

章远是一家公司的行政管理人员，某工作日工作时间结束后接到上级领导交办的紧急任务，于是当天加班两小时。已知该公司规定的日工资标准为192.00元，计算章远加班两小时的加班工资有多少。

小时工资标准=192.00÷8=24.00（元）

标准工作日加班工资=2×24.00×150%=72.00（元）

【案例6-4】员工在休息日的加班工资

宋媛在一家公司就职会计，在某个休息日接到领导交办的临时任务，于是加班一天。已知该公司规定的日工资标准为200.00元，计算宋媛在休息日加班一天可以得到多少加班工资。

休息日加班工资=1×200.00×200%=400.00（元）

【案例6-5】员工在法定节假日的加班工资

伍艳是一家销售公司的会计人员，在某个法定节假日，由于业务繁多，公司安排伍艳加班一天，以便及时核算账目。已知该公司规定的会计人员月工资标准为4 500.00元，计算伍艳在法定节假日加班一天可以得到多少加班工资。

日工资标准=4 500.00÷21.75=206.90（元）

法定节假日加班工资=1×206.90×300%=620.70（元）

四、居民个人综合所得的计算

根据我国个人所得税法的规定，在中国境内有住所，或者无住所而一个纳税年度内在中国境内居住累计满 183 天的个人，为居民个人；在中国境内无住所又不居住，或者无住所而一个纳税年度内在中国境内居住累计不满 183 天的个人，为非居民个人。

居民个人从中国境内和境外取得的所得，都要依照个人所得税法的规定缴纳个人所得税，而非居民个人只针对从中国境内取得的所得，依照个人所得税法的规定缴纳个人所得税。本小节主要介绍居民个人的综合所得。

居民个人的综合所得主要包括四个部分：工资、薪金所得，劳务报酬所得，稿酬所得，以及特许权使用费所得。因此，计算公式如下：

居民个人综合所得=工资、薪金所得+劳务报酬所得+稿酬所得+特许权使用费所得

居民个人综合所得的各个组成部分又有各自包含的内容和对应的计算公式，下面就来分别了解。

（1）工资、薪金所得

工资、薪金所得指个人因任职或受雇而取得的工资、薪金、奖金、年终加薪、劳动分红、津贴、补贴以及与任职或受雇有关的其他所得。要注意，独生子女补贴，执行公务员工资制度未纳入基本工资总额的补贴、津贴差额和家属成员的副食补贴，托儿补助费以及差旅费津贴和误餐补助等，不属于工资、薪金所得的范畴。

（2）劳务报酬所得

劳务报酬所得指个人独立从事非雇用的各种劳务所取得的所得，包括设计、装潢、安装、制图、化验、测试、医疗、法律、会计、咨询、讲学、广播、翻译、书画、雕刻、影视、录音、录像、演出、表演、广告、展览、技术服务、经纪服务和其他劳务等。注意，劳务报酬所得并不是发生多少就确认多少计入综合所得，它有两种确认情形：

计入综合所得的劳务报酬所得=每次劳务收入−800元（每次收入≤4 000元）

计入综合所得的劳务报酬所得=每次劳务收入×（1−20%）（每次收入>4 000元）

下面通过简单的案例来学习计入综合所得的劳务报酬所得的确认。

【案例6-6】综合所得中的劳务报酬所得的确认

沈欣在一家公司做会计，每月除了有稳定的工资收入，偶尔还会根据自己的兴趣爱好，在业余时接一些设计类的工作。11月，沈欣收到某广告公司支付的海报设计报酬，共5 000.00元。那么，确认计入综合所得的劳务报酬所得是多少呢？

由于该次劳务收入为5 000.00元，超过了4 000.00元，因此

计入综合所得的劳务报酬所得=5 000.00×（1−20%）=4 000.00（元）

如果这次劳务收入只有4 000.00元，没有超过4 000.00元，则

计入综合所得的劳务报酬所得=4 000.00−800.00=3 200.00（元）

（3）稿酬所得

稿酬所得是指个人因自己的作品以图书、报刊形式出版、发表而取得的

所得。这里的作品包括文学作品、书画作品、摄影作品以及其他作品。与劳务报酬一样，稿酬所得也不是发生多少就确认多少计入综合所得，它不仅要按照情况扣除相应的数额，还要在扣除相应数额后减按一定的百分比计算。下面通过计算公式来说明。

①每次稿酬收入 ≤ 4 000 元。

计入综合所得的稿酬所得=（每次稿酬收入－800元）×70%

②每次稿酬收入 > 4 000 元。

计入综合所得的稿酬所得=每次稿酬收入×（1－20%）×70%

为了更清晰地了解计入综合所得的稿酬所得的确认，下面来看一个例子。

【案例6-7】综合所得中的稿酬所得的确认

顾媛在一家公司任职行政岗位，每个月有稳定的工资收入。但是她有自己的兴趣爱好，业余时间也会写写书或者文章，投稿到出版社。11月，顾媛收到了出版社支付的一笔稿费，共 7 000.00 元。那么，确认计入综合所得的稿酬所得有多少呢？

由于该次稿费为 7 000.00 元，超过了 4 000.00 元，所以

计入综合所得的稿酬所得=7 000.00×（1－20%）×70%=3 920.00（元）

如果这次稿费收入只有 4 000.00 元，没有超过 4 000.00 元，则

计入综合所得的稿酬所得=（4 000.00－800.00）×70%=2 240.00（元）

（4）特许权使用费所得

特许权使用费所得指个人提供专利权、商标权、著作权、非专利技术以及其他特许权的使用权所取得的所得。注意，我国个人所得税法规定，提供著作权的使用权所取得的所得，不包括稿酬所得；作者将自己的文学作品手

稿原件或复印件公开拍卖或竞价所取得的所得，属于提供著作权的使用权所取得的所得，按照特许权使用费所得计缴个人所得税。

特许权使用费也不是发生多少就确认多少计入综合所得，其计算方法与劳务报酬所得相同，公式如下：

①每次特许权使用费收入≤4 000元。

计入综合所得的特许权使用费所得=每次特许权使用费收入-800元

②每次特许权使用费收入>4 000元。

计入综合所得的特许权使用费所得=每次特许权使用费收入×（1-20%）

这里就不再举例说明了。

实务中，居民个人的综合所得的个人所得税应纳税所得额就是这些所得的总和扣除相关费用、专项扣除和专项附加扣除等后的余额。计算公式如下：

年应纳税所得额=工资、薪金所得+计入综合所得的劳务报酬所得+计入综合所得的稿酬所得+计入综合所得的特许权使用费所得-6万元-专项扣除-专项附加扣除-依法确定的其他扣除

知识延伸 | 年应纳税所得额中的部分结构的说明

①6万元：这是企业所得税法中规定计算应纳税所得额时的减除费用。

②专项扣除：指由居民个人按照国家规定的范围和标准缴纳的基本养老保险、基本医疗保险、事业保险等社会保险费和住房公积金等。

③专项附加扣除：指个人所得税法规定的子女教育、继续教育、大病医疗、住房贷款利息、住房租金和赡养老人这六项专项附加扣除。每一项专项附加扣除都有各自的扣除标准，在计缴个人所得税时要按规定标准进行扣除。

④依法确定的其他扣除：包括个人缴付符合国家规定的企业年金和职业年金，个人购买符合国家规定的商业健康保险和税收递延型商业养老保险的支出，以及国务院规定可以扣除的其他项目。

五、纳税人经营所得的计算

这里的纳税人，包括个人以及在中国境内注册登记的个体工商户、个人独资企业和合伙企业。这些纳税人取得的所得一般称为"经营所得"，而不是"综合所得"。经营所得包括的内容主要有如下所示的四点：

◆ 个人通过在中国境内注册登记的个体工商户、个人独资企业和合伙企业从事生产、经营活动所取得的所得。

◆ 个人依法取得执照，从事办学、医疗、咨询以及其他有偿服务活动所取得的所得。

◆ 个人承包、承租、转包和转租所取得的所得。

◆ 个人从事其他生产、经营活动所取得的所得。

因此，可简单概括出经营所得的计算公式如下：

经营所得=个体工商户、个人独资企业和合伙企业从事生产、经营活动取得的所得+个人从事有偿服务活动取得的所得+个人承包、承租、转包和转租取得的所得+个人从事其他生产、经营活动取得的所得

由此可见，只要确定了经营所得的内容，计算起来就比较简单。只不过在计缴个人所得税时，经营所得的个人所得税应纳税所得额的计算与综合所得的应纳税所得额的计算有明显不同。计算公式如下：

经营所得的年应纳税所得额=一个纳税年度的经营所得（即收入总额）-当年成本、费用和损失总额

成本、费用总额=个体工商户、个人独资企业、合伙企业以及个人从事其他生产、经营活动发生的各项直接支出+分配计入成本的间接费用+管理费用+销售费用+财务费用

损失总额=个体工商户、个人独资企业、合伙企业以及个人从事其他生产经营活动发生的固定资产和存货的盘亏、毁损、报废损失+转让财产损失+坏账损失+自然灾害等不可抗力因素造成的损失+其他损失

知识延伸｜个体工商户的下列支出不得在计算应纳税所得额时扣除

①个人所得税税款、税收滞纳金。

②罚金、罚款和被没收财物的损失。

③不符合扣除规定的捐赠支出，主要是指非公益性捐赠。

④赞助支出。

⑤用于个人和家庭的支出。

⑥与取得生产经营收入无关的其他支出及国家税务总局规定不准扣除的支出。

下面通过一个简单的例子来学习经营所得及其应纳税所得额的计算。

【案例6-8】经营所得及其应纳税所得额的计算

成辉是一家火锅店的老板，同时他自己还开立了一家咨询服务工作室。11月，火锅店经营收入共82.54万元，工作室经营收入4.02万元。已知当月火锅店发生成本、费用和损失共计59.68万元，工作室发生成本、费用和损失共2.74万元。计算成辉当月实现的经营所得以及应纳税所得额。

经营所得=82.54+4.02=86.56（万元）

应纳税所得额=86.56－59.68－2.74=24.14（万元）

六、财产转让所得的计算

财产转让所得指个人转让有价证券、股权、合伙企业中的财产份额、不

动产、土地使用权、机器设备、车船以及其他财产所取得的所得。

财产转让所得=转让有价证券、股权、财产份额、不动产……的收入总额

与经营所得类似，只要明确了财产转让的范围，则财产转让所得的计算就比较简单。关键是财产转让所得的个人所得税应纳税所得额的计算。

财产转让所得的应纳税所得额=转让财产的收入总额-财产原值-合理费用

有价证券的原值=有价证券的买入价+买入时按照规定缴纳的有关费用

不动产的原值=不动产的建造费或购进价格+其他有关费用

土地使用权的原值=取得土地使用权支付的金额+开发土地的费用+其他有关费用

机器设备、车船的原值=机器设备、车船的购进价格+运输费+安装费+其他有关费用

上述计算公式中，合理费用指卖出财产时按照规定支付的有关税费和其他费用。

如果纳税人无法提供完整、准确的财产原值凭证，不能正确计算财产原值，则由主管税务机关核定所转让财产的原值。

下面通过具体的案例了解财产转让所得及其应纳税所得额的计算。

【案例6-9】财产转让所得及其应纳税所得额的计算

周某11月初刚买了一辆小汽车，买入价和有关费用总计12.60万元。当月中旬，家里有事急需用钱，于是将这辆刚买不久的小汽车转卖出去，收入为14.20万元，过程中发生了过户费和验车费等合理费用共0.14万元。计算周某因为转让小汽车取得的财产转让所得以及个人所得税应纳税所得额。

财产转让所得=14.20（万元）

财产转让所得的应纳税所得额=14.20-12.60-0.14=1.46（万元）

七、财产租赁所得的计算

财产租赁所得指个人出租不动产、土地使用权、机器设备、车船以及其他财产所取得的所得。

财产租赁所得=出租不动产、土地使用权、机器设备、车船……的收入总额

与财产转让所得的应纳税所得额的计算相比，财产租赁所得的应纳税所得额的计算比较特殊，主要分两种情形，计算公式分别如下：

①财产租赁的每次收入≤ 4 000 元。

财产租赁所得的应纳税所得额=每次租赁收入总额−800元

②财产租赁的每次收入 > 4 000 元。

财产租赁所得的应纳税所得额=每次租赁收入总额×（1−20%）

下面看一个简单的案例，学习如何计算财产租赁所得及其应纳税所得额。

【案例6-10】财产租赁所得及其应纳税所得额的计算

丁某家共有两套住房，其中一套自住，还有一套闲置。为了增加家庭的经济收入，她决定将闲置的那套住房出租出去。已知与租客签订的租房合同上约定每月租金为 1 000.00 元，租期为一年，一个季度支付一次租金。11 月，丁某收到租客支付的第一个季度的租金。计算丁某当月取得的财产租赁所得及其应纳税所得额。

财产租赁所得=1 000.00×3=3 000.00（元）

由于一次财产租赁所得 3 000.00 元没有超过 4 000.00 元，所以

财产租赁所得的应纳税所得额=3 000.00-800.00=2 200.00（元）

除了本小节财产租赁所得和前面小节提及的综合所得、经营所得和财产转让所得，实务中还可能发生利息、股息、红利所得以及偶然所得，这两类所得就是其实际的每次收入额，且对应的个人所得税应纳税所得额也是实际的每次收入额。

八、社保缴费基数的上下限计算

社保即社会保险，社保的缴费基数指职工个人在一个社保年度的社保保险缴费基数，它是按照职工上一年度 1 月～ 12 月的所有工资性收入所得的月平均额来确定。计算公式如下：

社保每月缴费基数=职工个人上一年度所有工资性收入所得÷12

然而，实务中为了避免职工个人缴纳过低的社保或者过高的社保，相关法律法规对社保的缴费基数做了上下限的规定，但具体数额还是要根据各地区实际情况而定。

社保缴费基数上限指缴费基数最高不能高过的限额，相应地，社保缴费基数下限指缴费基数最低不能低过的限额。社保缴费基数下限指上一年省、市在岗职工月平均工资的算术平均数的 60%，用计算公式表示为：

社保缴费基数下限=上一年省、市在岗职工月平均工资的算术平均数×60%

社保缴费基数上限指上一年省、市在岗职工月平均工资算术平均数的300%，用计算公式为：

社保缴费基数上限=上一年省、市在岗职工月平均工资的算术平均数×300%

一般来说，当职工当月的工资收入低于社保缴费基数下限时，以社保缴费基数下限为当月社保的缴费基数；当职工当月的工资收入高于社保缴费基数上限时，以社保缴费基数上限为当月社保的缴费基数，即当月工资收入超过社保缴费基数上限的部分不计入当月社保的缴费基数。

但是，我国在对社保缴费基数的档次进行规定时，有规定最低档，即上一年省、市在岗职工月平均工资的算术平均数的40%，另外还有60%、80%和100%这三挡。实务中具体选择哪一个档次进行社保缴费，则根据当地社保征缴机关的规定确定。

下面通过一个案例来学习社保缴费基数的确定。

【案例6-11】社保缴费基数的上下限以及实际缴费基数的确定

钟某在一家公司做会计，11月工资收入为4 700.00元。已知该公司所在地上一年度的在岗职工月平均工资为6 250.00元，钟某上一年度的所有工资性收入所得的月平均额为4 600.00元，计算当地社保缴费基数的上下限并确定钟某当月社保的实际缴费基数。

社保缴费基数下限=6 250.00×60%=3 750.00（元）

社保缴费基数上限=6 250.00×300%=18 750.00（元）

由于钟某当月工资收入高于社保缴费基数下限，同时低于社保缴费基数上限，因此以其上一年度所有工资性收入所得的月平均额为缴费基数。

11月社保缴费基数=4 600.00（元）

如果钟某11月的工资收入为3 500.00元，低于社保缴费基数下限3 750.00元，则11月社保缴费基数=社保缴费基数下限=3 750.00（元）。

若钟某11月的工资收入为19 000.00元，超过社保缴费基数上限18 750.00元，则11月社保缴费基数可以是19 000.00元，也可以选择其他档次，如80%、60%等确定缴费基数。

九、社保应缴费用的计算

社保应缴费用指根据确定的社保缴费基数，按照规定的缴费比例，计算得出的应缴纳的社会保险费金额。计算公式如下：

$$社保缴费金额＝社保缴费基数×缴费比例$$

从计算公式来看，社保缴费金额的确定，关键在于社保缴费基数和缴费比例的确定。前一个小节已经介绍了社保缴费基数的确定，这里介绍社保的缴费比例。

不同地区对社保缴费比例的规定是不同的，因此需要根据当地征缴社保机关的规定进行选择确定。表 6-1 所示的是以北京为例列举的社保各险种的缴费比例情况。

表 6-1　北京市社保缴费比例标准

社保险种		个人缴费比例	单位缴费比例
基本养老保险		8%	19%
基本医疗保险		2%+3 元	10%
失业保险	城镇户口	0.2%	1%
	农村户口	0	
生育保险		0	0.8%
工伤保险		0	0.5%

下面就以【案例 6-11】为基础，计算钟某 11 月应缴纳的社保费用以及企业方面应给钟某缴纳的社保费。

【案例6-12】计算应缴纳的社保费

钟某在一家公司做会计，11月工资收入为4 700.00元。已知钟某当月的社保缴费基数为4 600.00元，假设公司当月对所有员工均以上一年度实际工资性收入所得的月平均额作为社保缴费基数，缴费比例以北京市标准确定。钟某个人以及企业为其缴纳的社保费的计算如下。

基本养老保险个人缴费=4 600.00×8%=368.00（元）

基本养老保险公司缴费=4 600.00×19%=874.00（元）

基本医疗保险个人缴费=4 600.00×2%+3.00=95.00（元）

基本医疗保险公司缴费=4 600.00×10%=460.00（元）

失业保险个人缴费=4 600.00×0.2%=9.20（元）

失业保险公司缴费=4 600.00×1%=46.00（元）

生育保险公司缴费=4 600.00×0.8%=36.80（元）

工伤保险公司缴费=4 600.00×0.5%=23.00（元）

个人应缴纳社保费总额=368.00+95.00+9.20=472.20（元）

公司应为职工缴纳社保费总额=874.00+460.00+46.00+36.80+23.00

=1 439.80（元）

实务中，社保中的各险种的缴费基数很可能是不一样的，且个人应缴纳社保费和单位应缴纳社保费会由征缴机关直接通过计算机算出，不需要企业的相关统计员或财会人员计算。

同时，企业可根据自身经营发展状况选择不同的社保缴费基数档次。希望为职工提供更好的福利的企业，可选择100%档次，即上述案例中的计算标准；而经济实力不够雄厚的企业，可选择较低档次，如60%、80%，此时社保缴费基数就会从4 600.00元变成2 760.00元（60%）或3 680.00元（80%）。

十、住房公积金应缴存数额的计算

住房公积金指国家机关和各企事业单位、社会团体、组织及其在职职工，对等缴存的长期住房储蓄。需要注意的是，住房公积金只在城镇建立，农村不建立住房公积金制度，而且只对在职职工建立住房公积金制度，对没有工作的城镇居民和离退休职工不实行住房公积金制度。

根据我国《住房公积金管理条例》的规定，职工住房公积金的缴存基数为职工本人上一年度月平均工资。用计算公式表示如下：

职工住房公积金月缴存基数＝职工本人上一年度工资总额÷12

而职工和单位住房公积金的缴存比例均不得低于 5%，也不得高于 12%。各地区可根据自身的经济发展状况确定具体的住房公积金缴存比例。职工和单位在缴存住房公积金时，缴存比例通常是一致的。

职工住房公积金由两个部分组成，一部分由职工所在单位缴存，另一部分由职工个人缴存。职工个人缴存的住房公积金由所在单位每月从其工资中代扣代缴；单位应在每月发放职工工资之日起 5 日内，将单位缴存的和为职工代缴的住房公积金汇缴到住房公积金专户中，由受委托银行计入职工住房公积金账户。对于住房公积金的应缴存数额，实务中通常会用到如下所示的计算公式：

职工住房公积金月缴存额＝职工个人住房公积金月缴存额＋单位给职工缴存的住房公积金月缴存额

职工个人住房公积金月缴存额＝职工住房公积金月缴存基数×职工住房公积金缴存比例

单位给职工缴存的住房公积金月缴存额＝职工住房公积金月缴存基数×单位住房公积金缴存比例

下面通过一个简单的案例来学习住房公积金缴存数额的计算。

【案例6-13】计算应缴纳的住房公积金

刑某在一家技术服务公司做销售推广，其上一年度月平均工资为1.06万元。根据刑某在职公司所在地的相关部门的规定，职工个人和单位的住房公积金缴存比例均为6%。计算刑某住房公积金月缴存额有多少？

职工个人住房公积金月缴存额＝10 600.00×6%＝636.00（元）

单位给职工缴存的住房公积金月缴存额＝106 000.00×6%＝636.00（元）

职工住房公积金月缴存额＝636.00＋636.00＝1 272.00（元）

与社保一样，实务中职工的住房公积金缴存数额不需要企业有关工资核算员或财会人员计算，住房公积金管理中心会直接通过计算机运算给出结果，单位直接根据住房公积金管理中心出具的结果为职工缴纳和代缴。

第7章

计缴税费和核算公式

　　税收是指国家为了向社会提供公共产品、满足社会共同需求，按照法律的规定参与社会产品的分配、强制且无偿取得财政收入的一种规范形式，它是一种重要的政策工具。对国家来说，税收是收入。但对纳税人来说，税收是一项支出。为了保证纳税人能正确、足额且按时缴纳税款，防止陷入纳税风险，同时也为了国家能更好地通过税收来监管市场，纳税人必须正确核算各税种的应缴税款，在这一过程中，或多或少会涉及一些计算公式，本章将作详细介绍。

一、不同计税方法下应交增值税的计算

我国相关税法和税收政策规定，增值税的计税方法包括两种：一是一般计税方法；二是简易计税方法。采用不同的计税方法时，应交增值税的计算方法和过程是不同的，下面分别介绍。

（1）一般计税方法计算应交增值税

一般计税方法通常是一般纳税人使用的方法，指用当期的增值税销项税额减去当期的增值税进项税额后的余额作为当期应交增值税税额的方法。计算公式如下：

当期增值税应纳税额＝当期增值税销项税额－当期增值税进项税额

当期增值税销项税额＝当期销售价款（不含税）×适用税率＝当期销售价款（含税）÷（1+适用税率）×适用税率

当期增值税进项税额＝当期外购原料、燃料和动力的全部价款×适用税率＝当期外购原料、燃料和动力的全部价款（含税）÷（1+适用税率）×适用税率

在该方法下，如果当期增值税销项税额小于当期进项税额，导致进项税额抵扣不完的，剩余未抵扣部分可以结转下一会计期间继续抵扣，剩余未抵扣部分的税额在会计上有专业的名称，叫作"留抵税额"。因此，当期增值税应纳税额更准确的计算公式如下：

当期增值税应纳税额＝当期增值税销项税额－当期增值税进项税额－上期增值税留抵税额

下面从一个简单的例子入手，学习增值税一般纳税人利用一般计税方法如何计算企业当期的增值税应纳税额。

【案例7-1】一般计税方法计算增值税应纳税额

　　某公司为增值税一般纳税人，2020年11月，公司采购原材料和其他辅助材料，共支出价款30.25万元（不含税），税率均为13%，增值税专用发票均已收到。已知当月公司实现销售收入共60.08万元（不含税），均已开出增值税专用发票，注明税率13%，上期没有留抵税额。计算该公司11月增值税的应纳税额有多少。

　　当期增值税销项税额=600 800.00×13%=78 104.00（元）

　　当期增值税进项税额=302 500.00×13%=39 325.00（元）

　　当期增值税应纳税额=78 104.00-39 325.00=38 779.00（元）

　　如果案例中的支出价款和销售收入均为含税金额，则计算结果就会不同。

　　当期增值税销项税额=600 800.00÷（1+13%）×13%=69 118.58（元）

　　当期增值税进项税额=302 500.00÷（1+13%）×13%=34 800.88（元）

　　当期增值税应纳税额=69 118.58-34 800.88=34 317.70（元）

　　有些先进的制造业已经开始实施更宽松的优惠政策，企业期末产生的增值税留抵税额可予以退还，即增值税期末留抵退税政策。如果已经按规定退还了留抵税额，则下一会计期间不再扣减这部分留抵税额，因为它已经不存在。

　　实务中，当增值税进项税额发生时，账务处理应借记"应交税费——应交增值税（进项税额）"科目；当增值税销项税额发生时，应贷记"应交税费——应交增值税（销项税额）"科目。

>   **知识延伸 | 一般纳税人适用增值税税率**
>
>   　　增值税一般纳税人适用的税率大致分为四个档次：13%、9%、6%和0。根据企业经营范围所处的行业或者具体的经营项目，选择使用不同的税率。

（2）简易计税方法计算应交增值税

简易计税方法又称简易征收办法，通常是增值税小规模纳税人使用的方法，但一些行业因特殊性而无法取得原材料或货物的增值税进项发票，且按照进销项的方法核算增值税应纳税额后，税负过高的企业也会选择使用该种计税方法。

在简易计税方法下，没有进项税额和销项税额的说法，增值税应纳税额就是按照销售额和增值税征收率计算得出的增值税税额。计算公式如下：

增值税应纳税额＝销售额（不含税）×征收率

＝销售额（含税）÷（1+征收率）×征收率

如果小规模纳税人或者采用简易计税方法计税的一般纳税人，在采购业务中收到了销售方开具的增值税专用发票，也不能抵扣相应的税款，发生的税额要全部计入采购材料或货物的入账成本中。下面来看一个实例。

【案例7-2】简易计税方法计算增值税应纳税额

某公司为增值税小规模纳税人，采用简易计税方法核算增值税应纳税额。已知当月采购业务涉及税额为3.36万元，当月实现不含税销售额48.62万元。适用征收率为3%，计算当月公司增值税应纳税额。

增值税应纳税额=486 200.00×3%=14 586.00（元）

如果该公司当月发生的销售额48.62万元是包含增值税税款的，则当月应纳税额的计算结果又会不同。

增值税应纳税额=486 200.00÷（1+3%）×3%=14 161.17（元）

小规模纳税人适用的征收率一般为3%，但简易计税方法下有时还会出现征收率为5%的情况。这就要求纳税人根据实际情况进行选择确定。

二、特殊消费品消费税的计算

特殊消费品是指我国相关税法规定应缴纳消费税的消费品，具体可参照我国《消费税暂行条例》的有关内容。因为消费税的计征方式比较多样，再加上特殊消费品所处生产经营环节不同，所以消费税应纳税额的计算有不同的公式，需要根据具体情况进行选用。

（1）生产销售特殊消费品的消费税应纳税额

如果企业自行生产销售特殊消费品，则消费税应纳税额的计算需借助如下计算公式：

①实行从价定率计征消费税。

$$消费税应纳税额=销售额×比例税率$$

②实行从量定额计征消费税。

$$消费税应纳税额=销售数量×定额税率$$

③实行从价定率和从量定额复合计征消费税。

$$消费税应纳税额=销售额×比例税率+销售数量×定额税率$$

在现行消费税的征税范围中，只有卷烟和白酒采用复合计征方式计缴消费税，其他应税消费品要么采用从价定率计征，要么采用从量定额计征。下面通过一个案例来了解生产销售特殊消费品的消费税应纳税额的计算。

【案例7-3】计算生产销售环节的消费税应纳税额

某公司为增值税一般纳税人，主营业务是甲类卷烟的生产销售。11月

6 日公司售出一批生产完成的甲类卷烟，共 100 标准箱，不含增值税的售价为 760.00 万元，已开出增值税专用发票。已知卷烟的消费税采用复合计征方式计缴，即比例税率为 56%，定额税率为 0.003 元／支。计算公司该批甲类卷烟需要缴纳多少消费税。

消费税应纳税额=7 600 000.00×56%+100×250×200×0.003=4 271 000.00（元）

从案例可知，生产销售的特殊消费品的消费税应纳税额与消费品的销售额、销售数量以及比例税率或定额税率有关。

（2）自产自用特殊消费品的消费税应纳税额

纳税人自产自用应税消费品的，需区分不同的情况来确定是否需要缴纳消费税。如果自产的应税消费品用于连续生产应税消费品，则自用时不缴纳消费税；如果自产的应税消费品用于其他方面，则需在移送使用时按照纳税人生产的同类消费品的销售价格计算纳税，没有同类消费品销售价格作参考的，按组成计税价格计算纳税。

根据不同的计征方法，可从下列计算公式中选取恰当的公式核算消费税的应纳税额。

①实行从价定率计征消费税。

有同类消费品销售价格作参考。

消费税应纳税额=同类消费品销售价格×自产自用数量×比例税率

无同类消费品销售价格作参考。

组成计税价格＝（成本+利润）÷（1−比例税率）

消费税应纳税额=组成计税价格×比例税率

②实行复合计税方法计征消费税。

有同类消费品销售价格作参考。

消费税应纳税额=同类消费品销售价格×自产自用数量×比例税率+自产自用数量×定额税率

无同类消费品销售价格作参考。

组成计税价格=（成本+利润+自产自用数量×定额税率）÷（1−比例税率）

消费税应纳税额=组成计税价格×比例税率+自产自用数量×定额税率

【案例7-4】计算自产自用消费品的消费税应纳税额

某公司是一家白酒生产商，2020年中秋节前将新研制的白酒800千克作为过节福利发放给内部员工。已知该种白酒没有同类产品市场销售价格，而该批白酒的生产成本共3.20万元，成本利润率为8%。该类白酒的消费税比例税率为20%，定额税率为0.50元/500克，计算该批白酒的消费税应纳税额。

①确定该批白酒的组成计税价格。

成本+利润=32 000.00+32 000.00×8%=34 560.00（元）

组成计税价格=（34 560.00+800×1 000÷500×0.50）÷（1−20%）

            =44 200.00（元）

②计算消费税应纳税额。

消费税应纳税额=44 200.00×20%+800×1 000÷500×0.50=9 640.00（元）

（3）委托加工特殊消费品的消费税应纳税额

在实际生产经营过程中，企业难免会遇到时间来不及，需要将订单委托给外单位进行产品的生产加工的情况，此时应税消费品的消费税的计算又是另一种规则。同样，委托加工应税消费品的，按照受托方的同类消费品销售价格计算纳税，没有同类消费品销售价格的，按照组成计税价格计算纳税。相关计算公式如下：

有同类消费品销售价格作参考的，无论是从价定率计征还是复合计税方法计征，计算公式可直接参照自产自用情形下的相关计算公式。没有同类消费品销售价格作参考的，需选用如下计算公式：

①实行从价定率计征消费税。

组成计税价格=（材料成本+加工费）÷（1-比例税率）

消费税应纳税额=组成计税价格×比例税率

②实行复合计税方法计征消费税。

组成计税价格=（材料成本+加工费+委托加工数量×定额税率）÷（1-比例税率）

消费税应纳税额=组成计税价格×比例税率+委托加工数量×定额税率

下面通过一个实例学习委托加工应税消费品的消费税应纳税额的计算。

【案例7-5】计算委托加工应税消费品的消费税应纳税额

某化妆品销售公司在 2020 年 11 月委托某化妆品加工厂生产一批高档化妆品，向受托方提供价值 65.00 万元（不含增值税）的原材料，双方合同约定加工费为 11.50 万元。已知该批化妆品没有同类产品销售价格作参考，适用的消费税税率为 15%，计算该化妆品公司需要向受托方支付多少消费税。

①计算该批化妆品的组成计税价格。

组成计税价格=（650 000.00+115 000.00）÷（1-15%）=900 000.00（元）

②计算该批化妆品的消费税应纳税额。

消费税应纳税额=900 000.00×15%=135 000.00（元）

注意，受托方在加工应税消费品完成后，需向委托方代收代缴消费税，因此委托方需要连同消费税税款和加工费一起向受托方支付款项，而委托方就需要计算应税消费品的消费税应纳税额。

（4）进口环节特殊消费品的消费税应纳税额

一些特殊消费品如果从国外进口，消费税的计算方法是不同的。纳税人进口应税消费品，均按照组成计税价格和规定的税率计算消费税应纳税额，然而不同的计税方式下，适用的计算公式不同：

①实行从价定率计征消费税。

$$组成计税价格＝（关税完税价格＋关税）÷（1-比例税率）$$

$$关税＝关税完税价格×关税税率$$

$$消费税应纳税额＝组成计税价格×比例税率$$

②实行复合计税方法计征消费税。

$$组成计税价格＝（关税完税价格＋关税＋进口数量×定额税率）÷（1-比例税率）$$

$$消费税应纳税额＝组成计税价格×比例税率＋进口数量×定额税率$$

【案例7-6】计算进口应税消费品的消费税应纳税额

某公司是一家汽车贸易公司，其经营产品中有一种汽车需要进口。2020年11月，公司从国外进口该类汽车30辆，海关核定的每辆汽车的关税完税价格为26.50万元，关税税率为25%，消费税税率为9%，计算该批汽车的消费税应纳税额。

①计算进口汽车的组成计税价格。

关税＝30×265 000.00×25%＝1 987 500.00（元）

组成计税价格＝（30×265 000.00＋1 987 500.00）÷（1-9%）＝10 920 329.67（元）

②计算进口汽车的消费税应纳税额。

消费税应纳税额＝10 920 329.67×9%＝982 829.67（元）

三、增值税和消费税的附加税费的计算

增值税和消费税的附加税费是指城市维护建设税、教育费附加和地方教育附加。不同的附加税费，适用的税率是不同的，但在计算应纳税额时计算公式是相似的。

（1）城市维护建设税的应纳税额

城市维护建设税是对在中华人民共和国境内缴纳增值税、消费税的单位和个人征收的一种附加税。该税的应纳税额计算公式如下：

城市维护建设税应纳税额＝实际缴纳的增值税、消费税税额×适用税率

城市维护建设税的税率按照纳税人所在地区的不同，主要有三档：一是纳税人所在地在市区的，税率为 7%；二是纳税人所在地在县城和镇的，税率为 5%；三是纳税人所在地在乡村的，税率为 1%。

【案例7-7】计算公司应缴纳的城市维护建设税

2020 年 11 月，甲公司实际缴纳增值税和消费税分别为 22 660.00 元和 34 270.00 元。已知公司适用的城市维护建设税税率为 7%，计算公司 11 月应缴纳的城市维护建设税。

城市维护建设税应纳税额＝（22 660.00+34 270.00）×7%=3 985.10（元）

注意，城市维护建设税应纳税额的计算要以实际缴纳的增值税和消费税为计税依据，而不是算出的这两种税的应纳税额。当然，如果企业当期实际缴纳的增值税和消费税合计为 0.00 元，则就不需要缴纳城市维护建设税，但同样需要进行城市维护建设税的纳税申报。

（2）教育费附加的应交费额

教育费附加是由税务机关负责征收，同级教育部门统筹安排，同级财政部门监督管理，专门用于发展地方教育事业的预算外资金。教育费附加以纳税人实际缴纳的增值税和消费税的税额为计费依据，应交费额计算公式如下：

教育费附加应交费额＝实际缴纳的增值税、消费税税额×3%

教育费附加的费率不分地区，统一为3%。下面就在【案例7-7】的基础上，看看应交教育费附加的计算。

【案例7-8】计算公司应缴纳的教育费附加

2020年11月，甲公司实际缴纳增值税和消费税分别为22 660.00元和34 270.00元。已知教育费附加费率为3%，计算公司11月应交的教育费附加。

应交教育费附加＝（22 660.00+34 270.00）×3%=1 707.90（元）

（3）地方教育附加的应交费额

地方教育附加指根据国家有关规定，为实施"科教兴省"战略，增加地方教育的资金投入，促进各省、自治区、直辖市教育事业发展而开征的一项地方政府性基金。

地方教育附加也要以纳税人实际缴纳的增值税和消费税的税额为计税依据，与增值税、消费税同时计征，费率统一为2%。应交费额的计算公式如下：

地方教育附加应交费额＝实际缴纳的增值税、消费税税额×2%

同样，在【案例7-7】的基础上，计算出公司当月应交的地方教育附加。

【案例7-9】计算公司应缴纳的地方教育附加

2020年11月，甲公司实际缴纳增值税和消费税分别为22 660.00元和34 270.00元。已知地方教育附加费率为2%，计算公司11月应交的地方教育附加。

地方教育附加应交费额＝（22 660.00+34 270.00）×2%＝1 138.60（元）

在账务处理方面，无论是城市维护建设税，还是教育费附加和地方教育附加，在发生纳税义务时均借记"税金及附加"科目，贷记相应的应交税费科目，如"应交税费——应交城市维护建设税"科目；在实际缴纳税费款项时，借记相应的应交税费科目，贷记"银行存款"科目。注意，实务中税费的缴纳一般通过银行存款支付，而不通过库存现金。

四、进出口关税的计算

关税是对进出国境或关境的货物、物品征收的一种税，主要分为进口关税、出口关税和过境关税。在我国，关税只有进口关税和出口关税。不同的计税方式下，关税应纳税额的计算公式是不同的，相关内容如下：

①从价计税。

关税应纳税额＝应税进（出）口货物数量×单位完税价格×适用税率

②从量计税。

关税应纳税额＝应税进口货物数量×关税单位税额

③复合计税。

关税应纳税额＝应税进口货物数量×关税单位税额+应税进口货物数量×
单位完税价格×适用税率

从上述计算公式可以看出，在从价计算关税的应纳税额时，不仅需要确定货物的数量，更关键的是要确定单位完税价格。不同的情形下，完税价格的确定方法是不同的，下面就对常见的一些情形进行完税价格计算的介绍，见表 7-1。

表 7-1 不同情形下关税完税价格的确定

情形		关税完税价格
一般贸易项下进口货物		以海关审定的成交价格为基础的到岸价格。 成交价格 = 买方为购买该项货物向卖方实际支付或应该支付的价格 + 买方在成交价格以外另支付给卖方的佣金 注意，成交价格中不包括买方向境外采购代理人支付的买方佣金，也不包括卖方付给买方的正常回扣；如果包括了，在计算关税完税价格时要从成交价格中扣除
特殊贸易下进口货物	运往境外加工的货物	以加工后货物进境时的到岸价格与原出境货物价格的差额作为完税价格；如果无法确定原出境货物的到岸价格，可用原出境货物相同或类似货物的在进境时的到岸价格，或用原出境货物申报出境时的离岸价格代替；如果仍不能确定，则可用原出境货物在境外支付的工缴费加上运抵中国关境输入地点起卸前的包装费、运费、保险费和其他劳务费等之和作为完税价格
	运往境外修理的机械器具、运输工具或者其他货物	以经海关审定的修理费和料件费作为完税价格
	租借和租赁进口货物	以海关审查确定的货物租金作为完税价格
	国内单位留购的进口货样、展览品和广告陈列品等	以留购价格作为完税价格。如果买方在留购价款外又直接或间接给卖方一定利益的，海关可另行确定这些货物的完税价格
	逾期未出境的暂进口货物	入境超过半年仍留在国内使用的暂时进口的施工机械、工程车辆和电视或电影摄制机械等，应从第 7 个月起，按原货进时的到岸价格确定完税价格，征收关税。每月关税 = 货物原到岸价格 × 关税税率 ×1÷48
	转让出售进口减免税货物	在转让或出售而需要补税时，按这些货物原进口时的到岸价格来确定完税价格。关税完税价格 = 原入境到岸价格 × [1− 实际使用月份 ÷（管理年限 ×12）]

情形	关税完税价格
出口货物	以海关审定的货物售予境外的离岸价格，扣除出口关税后的余额为完税价格，即 出口货物完税价格 = 离岸价格 − 出口关税 = 离岸价格 ÷（1+ 出口税率）

关税税率种类很多，如进口税率又分为普通税率、最惠国税率、协定税率、特惠税率和关税配额税率。实务中，纳税人要使用哪一种或者哪一档税率，要根据主管税务机关的规定确定。纳税人可参考《中华人民共和国海关进出口税则》中的相关附件了解具体的进出口关税税率标准。

下面就从一个简单的案例入手，了解关税的计算过程。

【案例7-10】计算公司进口商品时应缴纳的关税

2020 年 11 月，丙公司从国外进购了一批高档化妆品，海关审定的货价为 380.00 万元，运抵我国关境内输入地点起卸前发生的包装费为 11.80 万元，运输费为 17.40 万元，保险费 7.80 万元。已知关税税率为 30%，暂不考虑增值税和消费税，计算公司当月需要缴纳多少关税？

①确定关税完税价格。

高档化妆品关税完税价格=380.00+11.80+17.40+7.80=417.00（万元）

②计缴关税。

关税应纳税额=417.00×30%=125.10（万元）

实务中，关税的计算可能涉及币种的换算，此时就会用到汇率，计算过程就会更复杂一些。关税发生时，通过"应交税费"科目进行核算，同时需通过"应交进口关税"或"应交出口关税"等明细科目进行明细核算。

五、应税凭证应缴纳的印花税的计算

这里所说的应税凭证指经济活动和经济交往中书立、领受和使用的应税经济凭证，主要包括四大类，合同、产权转移书据、权利许可证照以及营业账簿。这四类应税凭证有的采用比例税率计税，有的采用定额税率计税，因此计算公式不同：

应税合同的印花税应纳税额＝价款或报酬×适用税率

应税产权转移书据的印花税应纳税额＝价款×适用税率

应税权利许可证照的印花税应纳税额＝应税凭证件数×定额税率

应税营业账簿的印花税应纳税额＝实收资本（或股本）与资本公积的合计金额×适用税率

不同税目其印花税税率是不同的，在计算缴纳印花税时应根据印花税税目税率表来确定具体的税率。下面来看一个计缴印花税的案例。

【案例7-11】计算公司应缴纳的印花税

2020 年 11 月，甲建筑公司与乙建筑公司签订了价值 300.00 万元的安装工程合同，同时与丙公司签订了价值为 900.00 万元的建设工程合同。已知安装工程合同的印花税税率为 0.3‰，建设工程合同的印花税税率为 0.5‰，计算各公司当月应缴纳多少印花税？

①针对安装工程合同，甲乙公司都要缴纳印花税。

甲公司印花税应纳税额＝3 000 000.00×0.3‰＝900.00（元）

乙公司印花税应纳税额＝3 000 000.00×0.3‰＝900.00（元）

②针对建设工程合同，甲丙公司都要缴纳印花税。

甲公司印花税应纳税额=9 000 000.00×0.5‰=4 500.00（元）

丙公司印花税应纳税额=9 000 000.00×0.5‰=4 500.00（元）

③甲建筑公司总共缴纳印花税和三家公司总共缴纳印花税。

甲公司印花税应纳税额合计=900.00+4 500.00=5 400.00（元）

三家公司印花税应纳税额合计=5 400.00+900.00+4 500.00=10 800.00（元）

如果甲建筑公司先与丙公司签订价值1 200.00万元的建设工程合同，而后丙公司将价值300.00万元的安装工程分包给乙公司，则各公司的印花税的计缴结果又会不同。

①针对建设工程合同，甲丙公司都要缴纳印花税。

甲公司印花税应纳税额=12 000 000.00×0.5‰=6 000.00（元）

丙公司印花税应纳税额=12 000 000.00×0.5‰=6 000.00（元）

②针对安装工程分包业务，乙丙公司都要缴纳印花税。

乙公司印花税应纳税额=3 000 000.00×0.3‰=900.00（元）

丙公司印花税应纳税额=3 000 000.00×0.3‰=900.00（元）

③丙公司总共缴纳印花税和三家公司总共缴纳印花税。

丙公司印花税应纳税额合计=6 000.00+900.00=6 900.00（元）

三家公司印花税应纳税额合计=6 000.00+900.00+6 900.00=13 800.00（元）

与第一种签订合同的方式相比，第二种签订合同的方式会使3家公司总共缴纳的印花税多出3 000.00元（13 800.00-10 800.00），此时甲公司应缴纳的印花税也比第一种签订合同方式下的多600.00元（6 000.00-5 400.00），乙公司两种情况下缴纳的印花税税额相等，丙公司比第一种签订合同方式多缴纳2 400.00元（6 900.00-4 500.00）的印花税。

由案例可知，实务中企业之间进行交易时必须选择恰当的交易方式，否则会使企业缴纳不必要的税款，给企业增加税收负担，相应地就会造成经济损失。另外，印花税在发生时，直接借记"税金及附加"科目，贷记"银行存款"科目，不再通过"应交税费"科目核算。

六、城镇土地使用税的计算

城镇土地使用税是国家在城市、县城、建制镇和工矿区范围内，对使用土地的单位和个人，以其实际占用的土地面积为计税依据，按照规定的税额计算征收的一种税。城镇土地使用税采用定额税率，其年应纳税额的计算公式如下：

城镇土地使用税年应纳税额＝实际占用应税土地面积（平方米）×适用税额

不同地区的纳税人，适用的税额标准不同，大致内容见表7-2。

表7-2　城镇土地使用税的税额标准

地区	划分依据	年税额标准
大城市	人口在 50 万以上的	1.5 ~ 30 元 / 平方米
中等城市	人口在 20 ~ 50 万之间的	1.2 ~ 24 元 / 平方米
小城市	人口在 20 万以下的	0.9 ~ 18 元 / 平方米
县城、建制镇和工矿区		0.6 ~ 12 元 / 平方米

各省、自治区和直辖市人民政府要在上述规定的税额幅度内，根据市政建设情况和经济繁荣程度等条件，确定所辖地区的适用税额幅度。经济落后地区的城镇土地使用税适用税额标准可适当降低，但降低幅度不得超过上述

规定最低税额的 30%；相应地，经济发达地区，可适当提高税额标准，但必须报经财政部批准。下面通过一个案例来学习城镇土地使用税的计算。

【案例7-12】计算公司应缴纳的城镇土地使用税

某公司在市郊区有自己的工厂，占用土地面积共 12 000 平方米。经税务机关核定，该公司是所在地适用城镇土地使用税税额标准为每年每平方米 4.00 元，计算该公司全年应缴纳的城镇土地使用税有多少？

城镇土地使用税应纳税额＝12 000×4.00＝48 000.00（元）

在发生城镇土地使用税时，借记"税金及附加"科目，贷记"应交税费——应交城镇土地使用税"科目；在实际缴纳税款时，借记"应交税费——应交城镇土地使用税"科目，贷记"银行存款"科目。

知识延伸 | 确定占用土地面积时可能用到的计算公式

1公顷=15亩

1公顷=10 000平方米

七、土地增值税的计算

土地增值税是对转让国有土地使用权、地上建筑物及其附着物并取得收入的单位和个人，就其转让房地产取得的增值额征收的一种税。从概念可看出，在计缴土地增值税时，关键是要确定增值额，相关计算公式如下：

转让房地产增值额＝房地产转让收入－扣除项目金额

扣除项目金额＝取得土地使用权支付的金额＋房地产开发成本＋房地产开发费用＋
与转让房地产有关的税金＋财政部确定的其他扣除项目

取得土地使用权支付的金额=支付的地价款+取得土地使用权时缴纳的
有关费用和税金（如手续费、契税）

房地产开发成本=土地征用及拆迁补偿费+前期工程费+建筑安装工程费+
基础设施费+公共配套设施费+开发间接费用

房地产开发费用=与房地产开发项目有关的销售费用+管理费用+
财务费用

与转让房地产有关的税金=转让房地产时缴纳的城市维护建设税+教育费附加+
印花税等

注意，上述公式中提及的财务费用，具体是指利息支出，凡是能按转让房地产项目计算分摊并提供金融机构证明的，允许据实扣除，但最高不能超过按商业银行同类同期贷款利息计算的金额。而其他房地产开发费用则按规定计算的金额之和（即取得土地使用权支付的金额和房地产开发成本之和）的 5% 以内计算扣除。如果不能按转让房地产项目计算分摊利息支出或不能提供金融机构证明，则房地产开发费用全部按规定的金额之和的 10% 以内计算扣除。可通过如下计算公式表示：

允许扣除的房地产开发费用=利息支出+（取得土地使用权支付的金额+
房地产开发成本）×5%

允许扣除的房地产开发费用=（取得土地使用权支付的金额+
房地产开发成本）×10%

土地增值税的应纳税额有两种计算方法：一种是分步计算；另一种是直接计算。土地增值税的税率采用四级超率累进税率，见表7-3。

表 7-3　土地增值税的税率标准

级数	增值额与扣除项目金额的比率	税率（%）	速算扣除系数（%）
1	不超过 50% 的部分	30	0
2	超过 50% 但不超过 100% 的部分	40	5

级数	增值额与扣除项目金额的比率	税率（%）	速算扣除系数（%）
3	超过 100% 但不超过 200% 的部分	50	15
4	超过 200% 的部分	60	35

分步计算时，计算公式如下：

$$土地增值税应纳税额 = \sum（每级距的增值额 \times 适用税率）$$

直接计算时，计算公式如下：

$$土地增值税应纳税额 = 增值额 \times 适用税率 - 扣除项目金额 \times 速算扣除系数$$

下面通过一个具体的案例，学习如何计算应缴纳的土地增值税。

【案例7-13】计算公司应缴纳的土地增值税

2020 年 1 月，某房地产开发商开始进行一个新的住宅商品房开发项目。按照国家有关规定，支付土地价款 2.50 亿元，缴纳相关税费 1 680.00 万元；住宅的开发成本有 2.20 亿元；住宅的开发费用中有利息支出 3 100.00 万元，能计算分摊利息支出且能提供金融机构的证明；缴纳城市维护建设税和教育费附加共 460.00 万元，印花税 46.00 万元。按照规定，公司的房地产开发费用的计算扣除比例为 5%。当年住宅全部销售完毕，取得不含增值税销售收入共 8.75 亿元，计算公司销售住宅需要缴纳的土地增值税有多少？

①计算取得土地使用权支付的金额。

取得土地使用权支付的金额 = 25 000.00 + 1 680.00 = 26 680.00（万元）

②计算允许扣除的住宅开发费用。

允许扣除的住宅开发费用 = 3 100.00 +（26 680.00 + 22 000.00）× 5% = 3 100.00 + 2 434.00 = 5 534.00（万元）

③计算转让房地产的扣除项目金额。

转让房地产的扣除项目金额=26 680.00+22 000.00+5 534.00+460.00+46.00= 54 720.00（万元）

④计算转让房地产的增值额。

转让房地产的增值额=87 500.00-54 720.00=32 780.00（万元）

⑤计算增值额与扣除项目金额的比率。

增值额与扣除项目金额的比率=32 780.00÷54 720.00×100%=59.90%

增值额与扣除项目金额的比率超过50%但未超过100%，因此适用税率为40%，速算扣除系数为5%。

⑥计算土地增值税的应纳税额。

土地增值税应纳税额=32 780.00×40%-54 720.00×5%=10 376.00（万元）

由案例可知，在计算土地增值税应纳税额时，关键点是确定增值额。在确定增值额时，关键点是扣除项目金额。在确定扣除项目金额时，关键点是允许扣除的房地产开发费用。只有准确把握各个环节的关键点，财税人员才能准确核算出应缴纳的土地增值税税额。

在发生土地增值税时，借记"税金及附加"科目，贷记"应交税费——应交土地增值税"科目；在实际缴纳税款时，借记"应交税费——应交土地增值税"科目，贷记"银行存款"科目。

八、耕地占用税的计算

耕地占用税是对占用耕地建房或从事非农业建设的单位或个人征收的一种税，主要目的是合理利用土地资源，加强土地管理，保护耕地。该税种的应纳税额的计算与城镇土地使用税的类似，具体计算公式如下：

耕地占用税应纳税额＝实际占用耕地面积（平方米）×适用税率

同样，不同地区的纳税人适用的耕地占用税税率不同，内容如下：

- ◆ **人均耕地不超过1亩的地区（以县级行政区为单位，下同）**：每平
  方米10～50元。
- ◆ **人均耕地超过1亩但不超过2亩的地区**：每平方米8～40元。
- ◆ **人均耕地超过2亩但不超过3亩的地区**：每平方米6～30元。
- ◆ **人均耕地超过3亩的地区**：每平方米5～25元。

国务院根据人均耕地面积和经济发展情况，规定各省、自治区和直辖市
耕地占用税的平均税额，各省、自治区和直辖市的耕地占用税适用税额的平
均水平不得低于国务院规定的本地区平均税额。经济特区、经济技术开发区
和经济发达且人均耕地特别少的地区，适用税额可适当提高，但提高部分最
高不得超过国务院规定的当期适用税额的50%；占用基本农田的，适用税额
应在国务院规定的当地适用税额的基础上提高50%；占用基本农田以外的优
质耕地的，适用税额可适当提高，但提高部分最高不得超过国务院规定的当
地适用税额的50%。

企业应缴纳的耕地占用税需按照规定一次性征收。下面来看一个例子。

【案例7-14】计算公司应缴纳的耕地占用税

2020年年初，某公司经批准占用耕地1 200平方米修建厂房。已知耕地
占用税适用税额标准为30.00元/平方米。计算公司因占用耕地建厂房需要
缴纳的耕地占用税有多少？

耕地占用税应纳税额＝1 200×30.00＝36 000.00（元）

需要注意的是，公司缴纳耕地占用税的当年，可以不用缴纳城镇土地使
用税。但如果公司占用的不是耕地，则不需要缴纳耕地占用税，需要从占用

土地的第一年起就开始缴纳城镇土地使用税。

在实际发生耕地占用税时，直接将税额计入相关资产的入账成本中，即借记"无形资产""开发支出"等科目，贷记"银行存款"科目，不再通过"应交税费"科目核算。

九、买车要缴车辆购置税

车辆购置税是对在中国境内购置规定车辆的单位和个人征收的一种税。规定车辆包括五大类：汽车、摩托车、电车、挂车和农用运输车,但具体是哪些,纳税人可参考《中华人民共和国车辆购置税法》的相关规定和实施细则进行学习了解。

车辆购置税采用10%的固定比例税率，在计算应纳税额时，关键是要确定计税依据，即计税价格，计算公式如下：

车辆购置税应纳税额=计税价格×10%

不同情形下的计税价格的确定方式是不同的，相关计算公式如下：

纳税人购买自用的应税车辆的计税价格=购买应税车辆支付给销售方的全部价款+价外费用

价外费用=销售方在价外向购买方收取的基金+集资费+违约金+手续费+包装费+储存费+运输装卸费+保管费（不包括销售方代办保险而向购买方收取的保险费）+其他各种性质的价外收费

纳税人进口自用的应税车辆的计税价格=关税完税价格+关税+消费税

车辆购置税在购买规定车辆时一次性征收。下面通过一个案例学习车辆购置税的计缴。

【案例7-15】计算公司应缴纳的车辆购置税

2020年11月初，某公司因业务需要，购置了一辆小汽车作为商务用车。已知该辆小汽车的购买价款为18.20万元，其他价外费用共2.62万元。计算公司购买该辆小汽车需要缴纳多少车辆购置税。

车辆购置税应纳税额=（182 000.00+26 200.00）×10%=20 820.00（元）

在发生车辆购置税时，应直接将其计入相关车辆的入账成本中，如该案例中借记"固定资产——商务用车"科目，金额为229 020.00元（182 000.00+26 200.00+20 820.00），贷记"银行存款"科目，金额为229 020.00元。

十、用车用船要缴车船税

车船税是指中华人民共和国境内的车辆、船舶的所有人或管理人按照《中华人民共和国车船税法》的规定应缴纳的一种税，一般在投保交强险时缴纳。该税种的征税对象是在中国境内车船管理部门登记的车辆和船舶。

车船税采用定额税率，不同的征税税目对应的定额税率不同。应税车船大致分为五大类：乘用车、商用车、摩托车、其他车辆和船舶，具体税目和税率情况可参考我国《车船税法》所附的车船税税目税额表来了解学习。

由于不同税目的计税依据不同，所以车船税应纳税额的计算公式也不同：

乘用车、客车和摩托车的车船税应纳税额=辆数×适用年基准税额

货车、专用作业车和轮式专用机械车的车船税应纳税额=整备质量吨位数×适用年基准税额

$$机动船舶的车船税应纳税额＝净吨位数×适用年基准税额$$

$$拖船和非机动驳船的车船税应纳税额＝净吨位数×适用年基准税额×50\%$$

$$游艇的车船税应纳税额＝艇身长度×适用年基准税额$$

如果企业在一个纳税年度的中间购置新车船，则购置当年的应纳税额从纳税义务发生的当月起按月计算。比如，可以在算出年应纳税额的基础上，先除以12，再乘以从纳税义务发生当月起到年终月份止的月份数。下面就来看一个简单的案例，学习如何计算企业要缴纳的车船税。

【案例7-16】计算公司应缴纳的车船税

2020年11月，某公司因业务发展需要购买了一辆货车，该辆货车的整备质量吨位数为2.5吨。根据当地征税机关对车船税的征收规定，货车的年基准税额为60.00元。计算2020年该公司应缴纳的车船税。

货车车船税年应纳税额＝$2.5×60＝150.00$（元）

2020年应缴纳车船税＝$150.00÷12×2＝25.00$（元）

企业发生车船税时，先通过"应交税费"科目核算，即借记"税金及附加"科目，贷记"应交税费——应交车船税"科目；在实际缴纳车船税时，借记"应交税费——应交车船税"科目，贷记"银行存款"科目。

十一、房产的拥有者如何计缴房产税

房产税是以房产为征税对象，按照房产的计税价值或房产租金收入向房产所有人或经营管理人等征收的一种税。房产税采用比例税率，不同的计征方式下，税率是不同的，主要有如下所示的两种比例税率：

◆ **从价计征房产税的**：税率为 1.2%。

◆ **从租计征房产税的**：税率为 12%。

不同的计征方式下，房产税应纳税额的计算公式也是不同的。

①从价计征房产税。

房产税应纳税额=应税房产原值×（1-扣除比例）×1.2%

在该计算公式中，有两点需要注意：一是应税房产的原值，这里一定要是房产的原值，而不是扣减了房产折旧额的余额；二是扣除比例，一般来说，扣除比例在 10% ~ 30% 之间，具体扣除比例是多少由省、自治区和直辖市人民政府确定。

②从租计征房产税。

房产税应纳税额=租金收入×12%

下面通过一个实例来学习如何计算企业应缴纳的房产税。

【案例7-17】计算公司应缴纳的房产税

2020 年 11 月，某公司新购买了一栋厂房，价值 82.50 万元，房产税税率为 1.2%，当地规定的房产税扣除比例为 20%。计算该公司房产税年度应纳税额是多少？

房产税年应纳税额=825 000.00×（1-20%）×1.2%=7 920.00（元）

企业发生房产税时先通过"应交税费"科目核算，借记"税金及附加"科目，贷记"应交税费——应交房产税"科目；在实际缴纳房产税时，借记"应交税费——应交房产税"科目，贷记"银行存款"科目。

实务中，不同的情形下，缴纳房产税的纳税人身份是不一样的。常见情形有如下一些：

◆ **房屋产权属于国家所有的**：房产的经营管理单位为纳税人。

- ◆ **房屋产权属于集体和个人的：**集体单位和个人为纳税人。
- ◆ **房屋产权出典的：**承典人为纳税人。
- ◆ **房屋产权的所有人或承典人都不在房产所在地的：**房产代管人或使用人为纳税人。
- ◆ **房屋产权没有确定或者租典纠纷没有解决的：**房产代管人或使用人为纳税人。
- ◆ **单位和个人无租使用房产管理部门、免税单位及纳税单位的房产：**由房产使用人代缴房产税。

十二、房产、土地的转让行为如何计缴契税

契税是国家在土地、房屋权属转移时，按照当事人双方签订的合同以及确定价格的一定比例，向权属承受人征收的一种税。因此，契税的纳税人是在我国境内承受土地、房屋权属的单位和个人。

契税的征税范围主要包括五类行为：国有土地使用权出让、土地使用权转让、房屋买卖、房屋赠与和房屋交换。除此之外，还有一些特殊的行为也需要缴纳契税，如以土地、房屋权属作价投资、入股，以土地、房屋权属抵债，以及以获奖方式承受土地、房屋权属。

契税采用比例税率，实行 3% ~ 5% 的幅度税率，具体税率由各省、自治区和直辖市人民政府在幅度税率范围内，按照本地区的实际情况确定。契税应纳税额的计算公式比较简单，如下所示：

契税应纳税额＝计税依据×适用税率

但是，由计算公式就可看出，在计算契税应纳税额时，关键是要确定计

税依据。不同的行为计税依据不同，见表7-4。

表7-4　契税的计税依据

行为	计税依据
国有土地使用权出让	以成交价格为计税依据。成交价格指土地、房屋权属转移合同确定的价格，包括土地、房屋权属承受者应支付的货币、实物、无形资产或其他经济利益，不含增值税
土地使用权出售	
房屋买卖	
土地使用权赠与	由征收机关参照土地使用权出售、房屋买卖的市场价格核定
房屋赠与	
土地使用权交换	以交换土地、房屋的价格差额为计税依据。交换价格不相等的，由多交付货币、实物、无形资产或其他经济利益的一方缴纳
房屋交换	
以划拨方式取得土地使用权	经批准转让房地产时应补缴的契税，以补缴的土地使用权出让费或土地收益为计税依据

下面来看一个案例，学习如何计算应缴纳的契税。

【案例7-18】计算公司应缴纳的契税

2020年10月，乙公司购置了一层办公楼，总价款为680.00万元。11月，乙公司由于业务发展需要，变更经营地址，刚好新经营地有一家公司也需要更换办公地点。双方协商后，将各自的办公楼进行交换。已知另一家公司的办公楼经房地产评估机构评估后，价值为600.00万元。已知当地契税税率为5%，计算两家公司分别应该缴纳多少契税？

①乙公司购置一层办公楼，需要缴纳契税。

乙公司契税应纳税额=6 800 000.00×5%=340 000.00（元）

②交换办公楼时，另一家公司需补付给乙公司80.00万元的差价，因此，房屋交换时只需另一家公司缴纳契税，乙公司不需要缴纳。

契税应纳税额=800 000.00×5%=40 000.00（元）

契税发生时，直接将相应的税款计入无形资产或固定资产的入账成本中，不再单独通过"应交税费"和"税金及附加"科目进行核算。比如该案例中，乙公司购置办公楼时，直接借记"固定资产——办公楼"科目，金额为714.00万元（680.00+34.00），贷记"银行存款"科目，金额为714.00万元。

契税一般在土地、房屋权属转移时一次性缴纳，且应从纳税义务发生之日起10日内进行纳税申报，并在规定期限内缴纳税款。

十三、该缴环保税的纳税人如何计算应纳税额

环保税即环境保护税，是为了保护和改善环境，减少污染物排放，推进生态文明建设而征收的一种税。也就是说，只有在中华人民共和国领域和中华人民共和国管辖的其他海域直接排放应税污染物的企事业单位和其他生产经营者需要缴纳环保税。

实务中，有一些特殊的污染物排放行为不属于直接向环境排放污染物，不需要缴纳相应的环保税，主要有如下所示的两种行为：

◆ 企事业单位和其他生产经营者在符合国家和地方环境保护标准的设施、场所储存或处置固体废物的。
◆ 企事业单位和其他生产经营者向依法设立的污水集中处理、生活垃圾集中处理场所排放应税污染物的。

在我国，需要按规定缴纳环保税的应税污染物主要有四大类：大气污染物、水污染物、固体废物和噪声，更详细的应税税目可参考我国《环境保护税法》所附的环境保护税税目税额表了解学习。

不同的应税污染物，其计税依据不同，相应的应纳税额计算公式也就不同，具体内容如下：

①应税大气污染物按照污染物排放量折合的污染当量数确定计税依据。

应税大气污染物的环保税应纳税额＝污染当量数×适用税额

适用税额一般为每污染当量 ×× 元。

②应税水污染物按照污染物排放量这个的污染当量数确定计税依据。

应税水污染物的环保税应纳税额＝污染当量数×适用税额

适用税额与应税大气污染物的相同，一般为每污染当量 ×× 元。

③应税固体废物按照固体废物的排放量确定计税依据。

应税固体废物的环保税应纳税额＝固体废物排放量×适用税额

适用税额一般为每吨 ×× 元。

④应税噪声按照超过国家规定标准的分贝数确定计税依据。

应税噪声的环保税应纳税额＝超过国家规定标准的分贝数对应的具体适用税额

这里的应税噪声是指工业噪声。比如，超标 1 ~ 3 分贝的，每月环保税税额为 350.00 元；超标 4 ~ 6 分贝的，每月环保税税额为 700.00 元等。

下面就来看看具体的实例，学习如何计算环保税应纳税额。

【案例7-19】计算公司应缴纳的环保税

某公司在生产过程中会产生固体污染物炉渣。已知 11 月公司总共产生 180 吨炉渣，有 50 吨在符合国家和地方环境保护标准的设施中储存，还有 100 吨进行了综合利用并符合国家和地方环境保护标准，剩余的炉渣则直接倒置在空地上。已知炉渣使用的环境保护税税额为 25.00 元 / 吨，计算该公司当月需要缴纳多少环保税。

50吨炉渣在符合规定的设施中储存，不缴纳环保税；100吨综合利用的炉渣符合环境保护标准，也不缴纳环保税；剩余的炉渣直接倒置在空地上，属于需缴纳环保税的范围。

环保税应纳税额=（180-50-100）×25.00=750.00（元）

发生环保税时，借记"税金及附加"科目，贷记"应交税费——应交环境保护税"科目；实际缴纳环保税税款时，借记"应交税费——应交环境保护税"科目，贷记"银行存款"科目。

十四、占用自然资源应计缴资源税

资源税是对在我国境内从事应税矿产品开采或生产盐的单位和个人征收的一种税。该种税采用比例税率和定额税率两种形式，不同税目采用的税率形式不同。

在我国，资源税的征税范围包括六大类：原油、天然气、煤炭、其他非金属矿、金属矿和海盐，具体税目及其对应的税率可参考我国《资源税法》所附的资源税税目税率幅度表了解学习。

资源税的不同计征方式，对应不同的应纳税额计算公式，相关内容如下：

（1）实行从价定率计征资源税

资源税应纳税额按销售额或组成计税价格和比例税率计算。

①纳税人销售其自产应税产品，向购买方收取的全部价款和价外费用为销售额。

资源税应纳税额＝应税产品的销售额×适用的比例税率

应税产品的销售额＝向购买方收取的全部价款＋价外费用（不含增值税销项税额和运杂费）

> **知识延伸 | 原矿和精矿的换算公式**
>
> 　如果纳税人销售其自采原矿的，可采用成本法或市场法将原矿销售额换算为精矿销售额，再计缴资源税。
> 　①成本法换算。
> 　精矿销售额＝原矿销售额＋原矿加工为精矿的成本×（1＋成本利润率）
> 　②市场法换算。
> 　精矿销售额＝原矿销售额×换算比
> 　换算比＝同类精矿单位价格÷（原矿单位价格×选矿比）
> 　选矿比＝加工精矿耗用的原矿数量÷精矿数量

　　②纳税人申报的应税产品销售额明显偏低且无正当理由的，或者有视同销售应税产品行为但没有销售额的，应按照如下顺序确定销售额并计算资源税应纳税额。

　　按纳税人最近时期同类产品的平均销售价格确定销售额。

资源税应纳税额＝最近时期同类产品的平均销售价格×适用的比例税率

　　若纳税人无最近时期同类产品的平均销售价格作参考，则应按其他纳税人最近时期同类产品的平均销售价格确定销售额。

资源税应纳税额＝其他纳税人最近时期同类产品的平均销售价格×适用的比例税率

　　若纳税人既无最近时期同类产品的平均销售价格作参考，也没有其他纳税人最近时期同类产品的平均销售价格作参考，则按组成计税价格确定销售额。

资源税应纳税额＝组成计税价格×适用的比例税率

组成计税价格＝成本×（1＋成本利润率）÷（1－比例税率）

（2）实行从量定额计征资源税

纳税人开采或生产应税产品销售的，以实际销售数量为销售数量；开采或生产应税产品自用的，以移送时的自用数量为销售数量；不能准确提供应税产品销售数量或移送使用数量的，以应税产品的产量或按主管税务机关确定的折算比换算成的数量为销售数量。

资源税应纳税额＝应税产品的销售数量×适用的定额税率

下面来看一个实例，学习如何计算缴纳资源税。

【案例7-20】计算公司应缴纳的资源税

2020 年 11 月，某铜矿生产企业销售其生产的铜矿石原矿一批，销售收入为 500.00 万元，当月还销售精矿一批，价款为 1 050.00 万元。已知铜矿的原矿和精矿换算比为 1.05（市场法换算），适用的资源税税率为 7%，计算该公司当月需要缴纳多少资源税？

①确定铜矿的精矿销售额。

精矿销售额＝500.00×1.05＋1 050.00＝1 575.00（万元）

②计算资源税应纳税额。

资源税应纳税额＝1 575.00×7%＝110.25（万元）

发生资源税时，借记"税金及附加"科目，贷记"应交税费——应交资源税"科目；实际缴纳资源税税款时，借记"应交税费——应交资源税"科目，贷记"银行存款"科目。

注意，如果纳税人有减税、免税项目，应单独核算销售额和销售数量；未单独核算或不能准确提供销售额和销售数量的，不予减税或免税。

十五、烟叶税的计算

烟叶税是向收购烟叶的单位征收的一种税，它以纳税人收购烟叶的收购金额为计税依据，征税范围包括晾晒烟叶和烤烟叶。

烟叶税采用比例税率，且税率固定为20%。在计算烟叶税的应纳税额时，收购金额包括纳税人收购烟叶实际支付的收购价款和支付给烟叶生产销售单位或个人的价外补贴。其中，价外补贴统一按烟叶收购价款的10%计算。相关计算公式如下：

$$收购金额=收购价款×（1+10\%）$$

$$烟叶税应纳税额=收购金额×20\%$$

下面就来看一个简单的案例，学习如何计算烟叶税的应纳税额。

【案例7-21】计算公司应缴纳的烟叶税

某烟丝加工厂向烟叶生产者收购了一批烟叶，收购价款为40.00万元。该加工厂按规定的方式和比例向烟叶生产者支付了价外补贴，并与烟叶收购价款在同一收购凭证上分别注明。计算该加工厂需要缴纳的烟叶税有多少。

①确定收购金额。

收购金额=40.00×（1+10%）=44.00（万元）

②计算烟叶税应纳税额。

烟叶税应纳税额=44.00×20%=8.80（万元）

实际发生烟叶税时，借记"税金及附加"科目，贷记"应交税费——应交烟叶税"科目；实际缴纳烟叶税税款时，借记"应交税费——应交烟叶税"

科目，贷记"银行存款"科目。

注意，烟叶税由收购烟叶的一方缴纳，而不是卖出烟叶的一方缴纳。

十六、船舶吨税的计算

船舶吨税是对从中国境外港口驶入境内港口的船舶征收的一种税，主要以应税船舶的负责人为纳税人。

船舶吨税以船舶的净吨位为计税依据，其应税税目根据船舶净吨位的代销分等级，设置四个税目：不超过 2 000 净吨、超过 2 000 净吨但不超过 10 000 净吨、超过 10 000 净吨但不超过 50 000 净吨以及超过 50 000 净吨。

船舶吨税采用定额税率，且分为30日、90日和一年3种不同的税率。同时，船舶吨税的税率还有优惠税率的说法。优惠税率下，30日、90日和一年的税率均与普通税率下这三个税率不同，且更低。具体税率标准可参考我国《船舶吨税暂行条例》所附的船舶吨税税目税率表了解学习，其应纳税额的计算公式如下：

船舶吨税应纳税额＝应税船舶净吨位×适用税率

拖船和非机动驳船的船舶吨税应纳税额＝应税船舶净吨位×适用税率×50%

下面通过一个案例，学习船舶吨税应纳税额的计算。

【案例7-22】计算公司应缴纳的船舶吨税

某外国企业的某货轮停靠在我国某个港口装卸货物，该货轮净吨位有10 000吨。已知货轮的负责人已向我国海关领取了船舶吨税执照，在港口停留时间为30天。因外国企业所在国家与我国签订含有互相给予船舶吨税税费最惠国待遇条款的条约，所以该货轮缴纳船舶吨税时可享受优惠税率。计算该货轮负责人需要缴纳多少船舶吨税。

经查表可知，净吨位为 10 000 吨的货轮，停留期限为 30 天时，享受优惠税率为 2.90 元 / 净吨。

船舶吨税应纳税额=10 000×2.90=29 000.00（元）

发生船舶吨税时，借记"税金及附加"科目，贷记"应交税费——应交船舶吨税"科目；实际缴纳船舶吨税税款时，借记"应交税费——应交船舶吨税"科目，贷记"银行存款"科目。

船舶吨税由海关负责征收，海关征收船舶吨税时应制发缴款凭证。

十七、一般的企业所得税应纳税所得额和应纳税额

企业所得税是对企业生产经营所得和其他所得征收的一种所得税，在本书第 3 章已经提及过。本小节主要讲解企业所得税的应纳税所得额和应纳税额的计算。

（1）一般的企业所得税应纳税所得额

企业所得税的应纳税所得额就是企业所得税的计税依据，是企业每一纳税年度的收入总额，减去不征税收入、免税收入、各项扣除以及允许弥补的以前年度亏损后的余额。计算公式如下：

企业所得税应纳税所得额=收入总额−不征税收入−免税收入−各项扣除−以前年度亏损

上述计算公式中的"各项扣除"包括成本、费用、税金和损失。

成本=销售商品的销售成本+提供劳务产生的成本+转让固定资产或无形资产产生的成本+其他耗费

费用=生产经营活动中发生的销售费用+管理费用+财务费用

税金=缴纳的消费税+关税+城市维护建设税+教育费附加和地方教育附加+土地增值税+城镇土地使用税+房产税+车船税+印花税等（不含增值税）

损失=固定资产和存货的盘亏、毁损及报废损失+转让财产损失+呆账和坏账损失+自然灾害等不可抗力因素造成的损失+其他损失

这些扣除项目又分为很多具体的项目，不同的项目对应的扣除标准是不同的，可参考相关税法的规定来了解，这里不再赘述。下面通过一个案例，了解企业所得税的应纳税所得额的计算。

【案例7-23】计算公司企业所得税的应纳税所得额

某公司 2020 年 11 月，获得收入总额为 108.00 万元，其中没有不征税收入和免税收入。已知当月公司发生工资、薪金支出共 31.20 万元，职工福利费 4.62 万元，职工教育经费 1.84 万元，社会保险费 9.76 万元，业务招待费 0.80 万元，广告宣传费 8.50 万元，税金 0.36 万元，其他费用支出共 20.08 万元，没有以前年度亏损。计算公司当月企业所得税的应纳税所得额有多少？

①确定职工福利费的扣除限额。

职工福利费扣除限额=312 000.00×14%=43 680.00（元）

也就是说，公司当月发生的职工福利费 4.62 万元，但在计算企业所得税应纳税所得额时最多只能扣除 43 680.00 元。

②确定职工教育经费的扣除限额。

职工教育经费扣除限额=312 000.00×8%=24 960.00（元）

公司当月发生的职工教育经费 1.84 万元可全额据实扣除。

③确定业务招待费的扣除限额。

业务招待费扣除限额=1 080 000.00×5‰=5 400.00（元）

业务招待费发生额的60%=8 000.00×60%=4 800.00（元）

也就是说，在计算企业所得税应纳税所得额时，业务招待费可以扣除的金额为4 800.00元。

④确定广告宣传费的扣除限额。

广告宣传费扣除限额=1 080 000.00×15%=162 000.00（元）

公司当月发生的广告宣传费8.50万元可全额据实扣除。

⑤计算企业所得税应纳税所得额。

企业所得税应纳税所得额=1 080 000.00−312 000.00−43 680.00−18 400.00−97 600.00−4 800.00−85 000.00−3 600.00−200 800.00=314 120.00（元）

（2）企业所得税应纳税额

企业所得税应纳税额就是企业应缴纳的企业所得税税额，它的通用计算公式如下：

企业所得税应纳税额=企业所得税应纳税所得额×适用税率−减免税额−抵免税额

上述公式中的"减免税额"和"抵免税额"是指依照我国《企业所得税法》和国务院的税收优惠规定减征、免征和抵免的应纳税额。

下面以【案例7-23】为基础，计算该公司11月的企业所得税应纳税额。

【案例7-24】计算公司企业所得税的应纳税额

某公司2020年11月的企业所得税应纳税所得额为314 120.00元，适用企业所得税税率为25%。已知该公司当月不存在减免税额和抵免税额，计算公司当月需要缴纳多少企业所得税。

企业所得税应纳税额=314 120.00×25%=78 530.00（元）

发生企业所得税时，借记"所得税费用"科目，贷记"应交税费——应
交企业所得税"科目；实际缴纳企业所得税税款时，借记"应交税费——应
交企业所得税"科目，贷记"银行存款"科目。

十八、企业在清算期的企业所得税的计算

企业在清算期的企业所得税是指企业的清算所得需要缴纳的企业所得
税。而清算所得指企业按章程规定解散和由于破产或其他原因宣布终止经营
后，对企业的财产、债权和债务进行全面清查，并进行收取债权、清偿债务
和分配剩余财产的经济活动。

清算期间不属于企业的正常生产经营期间，因此不能享受法定减免税优
惠，适用的所得税税率为25%。相关计算公式如下：

清算所得=资产（含盘盈资产）变现收入-清算费用（含相关税费）-资
产计税基础净值±其他纳税调整额-弥补以前年度亏损

清算期企业所得税应纳税额=清算所得×25%

注意，未经审批的财产损失不能在计算清算所得时扣除；盈余公积和资
本公积属于所有者权益，不计入清算所得。

下面通过一个具体的案例，学习清算期的所得如何计缴企业所得税。

【案例7-25】计算公司清算期的企业所得税应纳税额

某公司成立于2017年11月，由于连续亏损，2020年11月根据股东大
会决议，企业准备注销。11月底，该公司的资产负债情况见表7-5。

表7-5　公司资产负债情况　　　　　　　　　　单位：元

资产	期末余额	负债及所有者权益	期末余额
流动资产	325 892.74	流动负债	206 573.88
非流动资产	3 245 608.42	非流动负债	339 158.70
资产总计	3 571 501.16	所有者权益	3 025 768.58
—	—	负债及所有者权益总计	3 571 501.16

　　已知公司在清算期内资产可收回金额共 3 408 220.56 元，需要偿还的账务金额为 489 396.98 元。假设资产计税基础与其账面价值一致，负债计税基础也与其账面价值一致，清算期间发生清算费用共 74 800.00 元，相关税费共 1 250.38 元，弥补以前年度亏损共 216 532.54 元，无其他纳税调整额，适用企业所得税税率为 25%，计算公司在清算期内需要缴纳多少企业所得税？

　　①确定处理债务的损益。

　　无需偿还的债务 =206 573.88+339 158.70-489 396.98=56 335.60（元）

　　无需偿还的 56 335.60 元债务属于公司处理债务的收益。

　　②计算清算所得。

　　清算所得=3 408 220.56-74 800.00-3 571 501.16-216 532.54=-454 613.14（元）

　　由于清算所得为负数，所以公司将清算期作为一个纳税年度进行企业所得税纳税申报时，不需要缴纳企业所得税。

十九、综合所得应缴纳个人所得税的计算

　　综合所得已经在本书第 6 章有过详细的介绍，这里具体讲解综合所得的个人所得税的计算，也就是核算综合所得的个人所得税应纳税额。涉及的计

算公式如下：

综合所得的企业所得税应纳税额＝综合所得的应纳税所得额×适用税率－速算扣除数

这是直接法计算综合所得应缴纳的个人所得税税额，如果用分步法，则计算公式如下：

综合所得的企业所得税应纳税额＝∑（每级距应纳税所得额×适用税率）

综合所得的个人所得税应纳税额除了与应纳税所得额有关，还与适用税率有关。综合所得适用3%～45%的超额累进税率见表7-6。

表7-6 综合所得适用的个人所得税税率

级数	全年应纳税所得额	税率（%）	速算扣除数
1	不超过 36 000 元的	3	0
2	超过 36 000 元但不超过 144 000 元的	10	2 520
3	超过 144 000 元但不超过 300 000 元的	20	16 920
4	超过 300 000 元但不超过 420 000 元的	25	31 920
5	超过 420 000 元但不超过 660 000 元的	30	52 920
6	超过 660 000 元但不超过 960 000 元的	35	85 920
7	超过 960 000 元的	45	181 920

可以将上表数据的"全年应纳税所得额"换算为"全月应纳税所得额"，直接除以12即可；同时速算扣除数也直接除以12即可。下面通过一个简单的案例学习如何计算综合所得的个人所得税应纳税额。

【案例7-26】计算个人获取的综合所得应缴纳的个人所得税

李某在一家民营企业上班，11月获得工资收入6 200.00元，当月获得一笔稿酬收入 4 000.00 元。已知李某当月个人需缴纳 293.42 元的社保费，同时申请了子女教育专项附加扣除，扣除标准为每月 1 000.00 元。计算李某 11 月应缴纳多少个人所得税？

①确定计入综合所得的稿酬所得。

计入综合所得的稿酬所得=（4 000.00−800.00）×70%=2 240.00（元）

②计算综合所得。

综合所得=6 200.00+2 240.00=8 440.00（元）

③计算个人所得税应纳税所得额，并确定适用税率和速算扣除数。

个人所得税应纳税所得额=8 440.00−5 000.00−293.42−1 000.00=2 146.58（元）

因为 2 146.58 元未超过 3 000.00 元（36 000.00÷12），所以适用税率为 3%，速算扣除数为 0。

④计算个人所得税应纳税额。

个人所得税应纳税额=2 146.58×3%−0.00=64.40（元）

个人所得税一般由员工就职单位代扣代缴，单位在代扣员工应缴纳的个人所得税时，借记"应付职工薪酬——工资、奖金、津贴和补贴"科目，贷记"应交税费——应交个人所得税"科目；在代缴员工应缴纳的个人所得税税款时，借记"应交税费——应交个人所得税"科目，贷记"银行存款"科目。

二十、个体工商户经营所得应缴纳的个人所得税

个体工商户的经营所得也要按规定缴纳个人所得税，经营所得如何确定，在本书第 6 章的相关内容中已经作了详细介绍，这里主要说明经营所得的个

人所得税应纳税额的计算，相关计算公式如下：

经营所得的个人所得税应纳税额＝经营所得的应纳税所得额×适用税率－速算扣除数

也可用分步法计算，公式如下：

经营所得的个人所得税应纳税额＝∑（每级距的应纳税所得额×适用税率）

表7-7所示的是经营所得适用的个人所得税税率标准。

表7-7　经营所得适用的个人所得税税率

级数	全年应纳税所得额	税率（%）
1	不超过30 000元的	5
2	超过30 000元但不超过90 000元的部分	10
3	超过90 000元但不超过300 000元的部分	20
4	超过300 000元但不超过500 000元的部分	30
5	超过500 000元的部分	35

同理，上表中的数据和标准也可通过除以12换算月度数据。

【案例7-27】计算个人获取的经营所得应缴纳的个人所得税

商某开了一家火锅店，11月营业额达到7.80万元。已知当月发生经营成本、相关费用、税金、损失和其他支出等共5.64万元。计算商某的经营所得需要缴纳多少个人所得税。

经营所得=78 000.00－56 400.00=21 600.00（元）

由于21 600.00元超过了7 500.00元（90 000.00÷12），但并没有超过25 000.00元（300 000.00÷12），所以适用税率为最高级别20%。

经营所得应纳税额=30 000.00÷12×5%+60 000.00÷12×10%+（21 600.00－30 000.00÷12－60 000.00÷12）×20%=3 445.00（元）

二十一、其他所得应缴纳个人所得税的计算

其他所得是指财产租赁所得、财产转让所得、偶然所得以及利息、股息、红利所得。这些所得涉及的计算公式如下：

财产租赁所得个人所得税应纳税额＝财产租赁所得的应纳税所得额×20%

财产转让所得个人所得税应纳税额＝财产转让所得的应纳税所得额×20%

偶然所得个人所得税应纳税额＝偶然所得的应纳税所得额×20%＝每次收入额×20%

利息、股息、红利所得个人所得税应纳税额＝利息、股息、红利所得的应纳税所得额×20%＝每次收入额×20%

上述各种所得的应纳税所得额已经在本书第6章作了详细讲解，这里通过一个案例，直接已知各种所得的应纳税所得额，学习应纳税额的计算。

【案例7-28】计算个人获取的其他所得应缴纳的个人所得税

已知某人11月的财产租赁所得的应纳税所得额为3 800.00元，当月还获得了一些偶然所得，收入额为800.00元。计算当月应缴纳的个人所得税。

财产租赁所得个人所得税应纳税额＝3 800.00×20%＝760.00（元）

偶然所得个人所得税应纳税额＝800.00×20%＝160.00（元）

某居民个人11月获得了一笔财产转让所得，应纳税所得额为1.80万元，当月还收获了利息、股息、红利所得，收入额为480.00元。计算当月应缴纳的个人所得税。

财产转让所得个人所得税应纳税额＝18 000.00×20%＝3 600.00（元）

利息、股息、红利所得个人所得税应纳税额＝480.00×20%＝96.00（元）

第8章

财务指标分析的计算公式

要成为一名财务精英，仅仅完成记账、算账工作还远远不够，还需要掌握一些财务管理知识。而在财务管理工作中，必然会涉及财务指标分析，通过财务指标分析可以深入了解企业的发展现状和存在的经营问题。要做好财务指标分析，相应计算公式的利用是必不可少的，只有熟练掌握这些计算公式，财务指标分析工作才能做得得心应手，为成为财务精英奠定基础。本章就来系统地学习一些重要财务指标的分析计算公式。

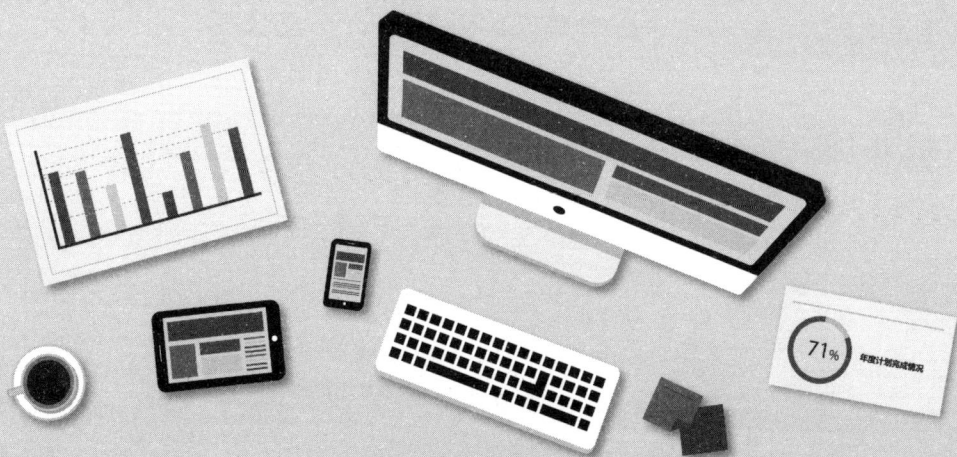

一、初步分析短期偿债能力的流动比率

短期偿债能力指企业以流动资产偿还流动负债的能力，即企业偿付日常到期债务的能力。对债权人来说，作为债务人的企业必须要具备较强的偿债能力，才能保证债权人的利益，到期收回本金并按期收到利息；对企业自身来说，了解偿债能力也有利于及时发现经营问题，及时改变经营策略。

衡量企业短期偿债能力的财务指标主要有三个：流动比率、速动比率和现金比率。本小节先来学习流动比率。

流动比率是企业流动资产对流动负债的比率，主要用来衡量企业流动资产在短期债务到期前可以变为现金用于偿还负债的能力。计算公式如下：

流动比率＝流动资产÷流动负债

一般来说，该比率越高，说明企业有足够的流动资产用于偿还短期负债，短期偿债能力越强；反之，短期偿债能力越弱。但是，该比率也不能过高，国际公认的比率为2:1，即流动资产是流动负债的两倍。如果比率高于2:1，则说明企业内有过多的流动资产闲置，会降低资产的增值作用，对企业不利。

> **知识延伸｜流动资产和流动负债的组成**
>
> 流动资产主要包括货币资金、交易性金融资产、应收账款、预付款项、存货和一年内到期的非流动资产等。计算公式中的流动资产一般用资产负债表中的期末流动资产总额表示。
>
> 流动负债主要包括短期借款、交易性金融负债、应付账款、预收款项、各种应交税费和一年内到期的非流动负债等。计算公式中的流动负债一般用资产负债表中的期末流动负债总额表示。

【案例8-1】计算流动比率分析短期偿债能力

某公司 2020 年 11 月底，资产负债表账面数据显示，公司流动资产共 51.26 万元，流动负债有 28.50 万元。计算流动比率并分析短期偿债能力。

流动比率=512 600.00÷285 000.00=1.80

该公司的流动比率为 1.80，小于国际公认比率 2:1，表示公司的流动资产是流动负债的 1.80 倍，说明公司的短期偿债能力较强。但由于流动资产中包含了变现能力较差的存货，所以流动比率只能初步分析公司的短期偿债能力的强弱。想要更深入地验证公司的短期偿债能力较强，还需通过速动比率来完成。

二、深入分析短期偿债能力的速动比率

速动比率是企业速动资产与流动负债的比率。其中，速动资产是企业的流动资产减去存货和预付费用后的余额，主要包括货币资金、短期投资、应收票据和应收账款等。相关计算公式如下：

速动比率=速动资产÷流动负债

速动资产=流动资产−存货−预付费用

一般来说，该比率越高，企业的短期偿债能力就越强；反之，短期偿债能力越弱。但是比率也不能过高，国际公认的比率为 1:1，即速动资产刚好等于流动负债。如果比率过高，高于 1:1，则会导致企业的速动资产过多，虽然企业的流动资产的流动性很强，但同时也降低了企业资产的获利能力。

速动比率考虑到了流动资产中变现能力较弱的存货和预付费用，因此速动比率在衡量企业的短期偿债能力方面比流动比率更准确，因为将存货和预付费用排除在外计算出的速动比率，可以真正反映流动性较强的流动资产偿还短期负债的能力。

【案例8-2】计算速动比率分析短期偿债能力

某公司 2020 年 11 月底，资产负债表账面数据显示，公司流动资产共47.62 万元，其中存货有 10.24 万元，没有预付费用，流动负债有 25.50 万元。计算速动比率并分析短期偿债能力。

①确定速动资产。

速动资产=47.62−10.24=37.38（万元）

②计算速动比率。

速动比率=373 800.00 ÷ 255 000.00=1.47

公司的速动比率为 1.47，高于了 1:1，说明公司的短期偿债能力很强，变现能力较强的流动资产能够满足偿还短期负债的需求。但因为公司的流动资产过多，很可能使公司丧失投资获益的机会，公司应根据该计算结果判定是否需要改变投资策略。

另外，速动资产中还包括了应收账款，而应收账款的变现能力也是影响资产变现能力的重要因素。如果企业的应收账款有很大一部分不容易收回，则会使企业产生坏账，此时的速动比率就不能真实地反映企业的短期偿债能力，所以在使用速动比率分析短期偿债能力时，还应结合应收账款的账龄结构进行更细致的分析。

用流动资产扣除存货和预付费用来计算速动资产也是一种粗略的计算，严格来说，还应从流动资产中减去预付款项、一年内到期的非流动资产和其他流动资产等变现能力较弱的流动资产项目，这样速动资产就只包括货币资金、交易性金融资产、应收票据、应收账款和其他应收款项等。

三、精准分析短期偿债能力的现金比率

为了更精准地衡量企业的短期偿债能力，也就是更精准地衡量企业内部变现能力较强的资产偿还短期负债的能力，还需要用到现金比率。现金比率是企业的现金类资产与流动负债的比率，即库存现金和随时可用于支付的存货及现金等价物的合计数额与流动负债的比率。一般计算公式如下：

$$现金比率＝（现金+现金等价物）÷流动负债$$

现金比率可反映企业的直接偿付能力。通常，该比率越高，说明企业有较好的支付能力，短期偿债能力越强；反之，短期偿债能力越弱。现金比率没有一个统一的标准，使用时一般结合同行业的平均水平来判断高低。

但是如果现金比率过高，则说明企业拥有过多的盈利能力较低的现金类资产，企业的资产没有得到有效的运用，会降低资产的增值作用。

【案例8-3】计算现金比率分析短期偿债能力

某公司 2020 年 11 月底，资产负债表的相关数据见表 8-1。计算现金比率并分析短期偿债能力。

表 8-1　资产负债表部分数据列示　　　　　　单位：元

项目	期末余额	项目	期末余额
库存现金	8 000.00	交易性金融资产	102 000.00
银行存款	313 200.00	流动负债合计	384 300.00

①确定现金和现金等价物的总额。

现金及现金等价物=8 000.00+313 200.00+102 000.00=423 200.00（元）

②计算现金比率。

现金比率=423 200.00÷384 300.00=1.10

由案例计算结果分析，现金比率为1.10，但从公司自身来看，可初步判定其短期偿债能力较强，因为每一元的短期负债就有变现能力非常强的1.10元现金类资产进行偿付。

此时，还需与同行业进行比较，如果与同行业相比，该比率远高于同行业的现金比率平均水平，则说明企业的短期偿债能力确实很强，但同时闲置的现金类资产过多，易使企业丧失投资机会，从而损失投资收益。如果与同行业的现金比率平均水平相当，则说明企业有较强的短期偿债能力，另外还可初步预判该行业性质决定了其现金类资产要准备充分，应尽量防止现金类资产短缺。

知识延伸 | 现金流量比率

现金流量比率是企业经营活动产生的现金流量净额与流动负债的比率。该比率直接反映企业用经营活动的现金流量净额偿还短期负债的能力，同时还可衡量企业经营活动的现金收支是否正常。计算公式如下：

现金流量比率=经营活动产生的现金流量净额÷流动负债

现金流量比率和前述三种比率相比，它包含了企业现金的流入和流出情况，从动态角度反映了企业当期经营活动产生的现金流量净额偿付流动负债的能力。

四、长期偿债能力分析之资产负债率

长期偿债能力指企业对长期债务的承担能力和对偿还长期债务的保障能力，一般从企业的资产结构入手分析。常用到的财务指标有资产负债率、股东权益比率、权益乘数、产权比率、利息保障倍数和现金利息保障倍数等。本小节先来认识资产负债率。

资产负债率也称负债比率或举债经营比率，是企业负债总额与资产总额的比率。它是用来衡量企业利用债权人提供的资金进行经营活动的能力指标，同时也是反映债权人借出资金的安全程度和企业偿还债务的综合能力的指标。计算公式如下：

$$资产负债率=负债总额÷资产总额×100\%$$

通常，该比率越高，说明企业负债总额占资产总额的比例越高，偿还债务的综合能力越差，财务风险越大；反之，占比越低，偿还债务的综合能力越强，财务风险越小。

但是，企业不能一味地降低负债在资产总额中的比例来提高偿付债务的综合能力，因为负债占比过低，就需要企业拥有更多的自有资本来支持企业的资金运行，对企业来说经营压力就会越大。实践证明，企业的资产负债率在50%左右为宜，也就是债务资本（负债）和权益资本（所有者权益）相等。

下面就通过一个案例来学习资产负债率的计算和分析运用。

【案例8-4】计算资产负债率分析长期偿债能力

2020年10月底，某公司资产负债表的账面余额显示，资产总额为825.80万元，而负债总额为220.46万元。计算资产负债率并分析长期偿债能力。

资产负债率=220.46÷825.80×100%=26.70%

所有者权益总额=825.80−220.46=605.34（万元）

企业10月底的资产负债率为26.70%，说明企业26.70元的负债就有100.00元的资产提供还债保障。与适宜的50%左右相比，该资产负债率较低，企业的长期偿债能力较强，长期债务的偿还有保障。但由于比率过低，企业的运行大多是依靠权益资本，这对企业来说会有较大的经营压力，企业的财务杠杆效应较弱。

从企业债权人的角度来看，他们最关心的是其提供给企业的资金的安全性，比率越低，说明企业全部资产中股东提供的资金占比过高，这样，企业的财务风险就主要由所有者负担，其提供给企业的资金有可靠的保障。所以企业的债权人总是希望企业的资产负债率低一些。

从企业所有者的角度来看，他们关心的主要是自己的投资报酬率的高低。企业借入的资金和所有者投入的资金在生产经营过程中可以发挥相同的作用，当企业负债的支付利率低于资产报酬率时，可以尽可能地利用举债经营来获取更多投资报酬；但如果负债支付利率高于资产报酬率，则企业需科学地减少债务资本，以免举债利息高于投资报酬而得不偿失。

从企业管理者的角度来看，他们不仅要关注企业的盈利水平，还要考虑企业承担的财务风险。因此，对管理者来说，资产负债率不宜过高，也不宜过低，适当最好。

五、长期偿债能力分析之股东权益比率和权益乘数

前面了解了资产负债率（即负债比率），与之相关的还有股东权益比率，它是企业股东权益总额与资产总额的比率，反映资产总额中有多少是所有者投入的，相关计算公式如下：

$$股东权益比率=股东权益总额÷资产总额×100\%$$

$$资产负债率+股东权益比率=1$$

该比率越大，说明企业的股东权益总额占资产总额的比例越大，相应地负债占比就越小，财务风险也就越小，企业的综合偿债能力就越强；反之，股东权益总额占资产总额的比例越小，负债占比越大，财务风险越大，综合偿债能力越弱。

与股东权益比率密切相关的一个财务指标是权益乘数，它是股东权益比率的倒数，即反映企业的资产总额是股东权益总额的多少倍，计算公式如下：

$$权益乘数=资产总额÷股东权益总额$$

权益乘数反映企业财务杠杆的大小，权益乘数越大，说明股东（所有者）投入的资本在资产总额中占比越小，财务杠杆越大；反之，财务杠杆越小。

知识延伸 | 股东权益和所有者权益

> 股东权益就是所有者权益，两者用于不同性质的企业报表中。一般来说，股份公司称"股东权益"，而有限责任公司和其他组织、团体等称"所有者权益"。两者都表示企业的权益资本。

下面通过一个实例来计算分析企业的股东权益比率和权益乘数，从而判断长期偿债能力的强弱。

【案例8-5】计算股东权益比率和权益乘数分析长期偿债能力

某公司2020年第三季度末，资产负债表数据显示，资产总额为6 574.39万元，负债总额为2 338.44万元，股东权益总额为4 235.95万元。计算股东权益比率和权益乘数，分析公司的长期偿债能力。

股东权益比率=4 235.95÷6 574.39×100%=64.43%

权益乘数=6 574.39÷4 235.95=1.55

该公司的股东权益比率为 64.43%，超过了 50%，说明公司的股东权益总额占了资产总额一半以上的份额，而负债不到资产总额的一半，公司偿还债务有保障，长期偿债能力较强，财务风险较小。

而权益乘数为 1.55，说明公司的资产总额是股东权益总额的 1.55 倍。当资产总额为股东权益总额的两倍时，才能说明负债总额与股东权益总额相等，也就是说，权益乘数 1.55 表示公司的财务杠杆较小，公司举债经营的力度较轻。

六、长期偿债能力分析之产权比率

产权比率也称负债股权比率，是企业负债总额与股东权益总额的比率，它也是评估企业资金结构合理性的一项财务指标。计算公式如下：

产权比率＝负债总额÷股东权益总额

产权比率实际上是资产负债率的另一种表现形式，它反映债权人提供的资金与股东提供的资金的比例关系，因此可以用来衡量企业的财务风险和股东权益对债务的保障程度。

该比率越高，说明负债相对于股东权益来说越来越多，企业负债的安全程度越来越低，越来越缺乏保障，长期财务状况不佳，偿债能力越弱；反之，企业负债的安全程度越来越高，能得到充分的保障，财务风险越小，长期偿债能力越强。下面通过案例来学习产权比率的计算和长期偿债能力的判断。

【案例8-6】计算产权比率分析长期偿债能力

某公司第三季度末，资产负债表中相关数据显示，资产总额为 2 105.48 万元，负债总额为 1 038.66 万元，股东权益总额为 1 066.82 万元。计算产权比率并分析公司的长期偿债能力。

产权比率=1 038.66÷1 066.82=0.97

该公司第三季度末的产权比率为0.97，说明97.00元的负债对应有100.00元的股东权益，是比较理想的资产结构，此时公司的负债安全程度比较高，长期偿债能力较强，财务风险较小。但如果和同行业相比，该产权比率低于同行业产权比率的平均水平，则说明公司的长期偿债能力较弱，资产结构不够科学、合理。

实务中，无论是分析判断企业的短期偿债能力还是长期偿债能力，都不能单纯地凭借一个数据结果来实现，需要进行对比分析。可以将企业当期的偿债能力指标结果与自身前期的偿债能力指标结果进行对比，看能力是在增强还是在减弱；也可以将当期企业的偿债能力指标结果与所处行业的各企业偿债能力指标结果的平均水平进行对比，看自身能力是强还是弱。

七、长期偿债能力分析之利息保障倍数和现金利息保障倍数

长期偿债能力的分析除了借助前述提及的资产负债率、股东权益比率和产权比率等外，还有利息保障倍数和现金利息保障倍数。

（1）利息保障倍数

利息保障倍数又称利息所得倍数或者已获利息倍数，是企业的息税前利润与利息费用的比值。该财务指标主要用来衡量企业的经营所得支付债务利息的能力。计算公式如下：

利息保障倍数＝息税前利润÷利息费用＝（税前利润+利息费用）÷利息费用＝（利润总额+利息费用）÷利息费用

该比率越大，说明企业经营所得能很好地保障债务利息的偿付，企业的长期偿债能力越强；反之，企业经营所得很可能无法满足债务利息的偿付要求，企业财务风险较大，长期偿债能力越弱。

一般来说，企业的利息保障倍数至少应大于1，等于1时说明税前利润和利息费用之和等于利息费用，即企业没有税前利润，处于不亏不盈的经营状态。如果小于1，说明税前利润与利息费用之和小于利息费用，则税前利润为负数，说明企业处于亏损状态，此时企业的偿债能力很可能较弱。利息保障倍数如果大于1，说明企业有税前利润可用来偿付债务利息，也在一定程度上说明了企业的偿债能力较强。下面来看一个案例。

【案例8-7】计算利息保障倍数分析长期偿债能力

某公司 2020 年 11 月的利润表数据显示，当期利润总额为 48.25 万元，财务费用下的利息支出共 7.24 万元。计算该公司 11 月的利息保障倍数，同时判断长期偿债能力。

利息保障倍数＝（48.25+7.24）÷7.24=7.66

从案例计算结果看出，该公司的利息保障倍数远大于1，说明公司的长期偿债能力较强，经营所得可有效保障债务利息支出，财务风险较小。

实务中，在使用利息保障倍数时要注意，因为会计上采用权责发生制核算成本费用和收入，所以当期的利息费用不一定就是当期的实际利息支出，因为当期发生的实际利息支出也可能没有全部计入当期的利息费用，所以用利息保障倍数来衡量经营所得支付债务利息的能力就不十分准确，无法反映企业实际的支付利息的能力。为了使判断更科学、准确，就需要用到接下来需要了解的一个财务指标——现金利息保障倍数。

（2）现金利息保障倍数

现金利息保障倍数指企业经营活动产生的现金流量净额、现金利息支出和付现所得税之和与现金利息支出的比值，用计算公式表示如下：

现金利息保障倍数=（经营活动产生的现金流量净额+付现所得税+现金利息支出）÷现金利息支出

上述计算公式中，"现金利息支出"指企业当期用现金支付的利息费用，"付现所得税"指当期用现金支付的所得税费用。"经营活动产生的现金流量净额＋付现所得税"在一定程度上代表了企业当期的所有现金税前利润。该比率越大，说明企业的现金收益能保障现金利息的支出，财务风险较小，长期偿债能力较强；反之，长期偿债能力较弱。

现金利息保障倍数反映了企业在一定时期因经营活动取得的现金是现金利息支出的多少倍。因为现金收支是企业实实在在的资金运动，所以现金利息保障倍数能更精确地体现企业用经营活动取得的现金偿付债务利息的能力。下面通过一个案例学习现金利息保障倍数的计算和长期偿债能力的分析。

【案例8-8】计算现金利息保障倍数分析长期偿债能力

某公司2020年11月的现金流量表和相关明细账数据显示，当月经营活动产生的现金流量净额为47.65万元，付现所得税共9.14万元，现金利息支出共6.88万元。计算公司的现金利息保障倍数，分析长期偿债能力。

现金利息保障倍数=（47.65+9.14+6.88）÷6.88=9.25

该公司的现金利息保障倍数为9.25，说明企业1.00元的现金利息支出有9.25元的税前现金利润做保障，公司的长期偿债能力较强。但是如果与同行业的现金利息保障倍数平均水平相比，9.25低于平均水平，这时不仅不能判定该公司的长期偿债能力较强，反而说明该公司的长期偿债能力较弱，在同行业中处于相对劣势，需积极采取有效措施进行改善。

八、营运能力分析之应收账款周转率

营运能力指企业的经营运行能力，也是企业运用各项资产赚取利润的能力，关键是衡量企业对各项资产的利用率。实务中，通常采用各种资产周转率来体现和衡量，如应收账款周转率、存货周转率、流动资产周转率、固定资产周转率和总资产周转率。本小节先来认识应收账款周转率。

应收账款周转率用企业一定时期内赊销收入净额与应收账款平均余额的比率来表示，相关计算公式如下：

应收账款周转率＝赊销收入净额÷应收账款平均余额

应收账款平均余额＝（期初应收账款余额＋期末应收账款余额）÷2

赊销收入净额＝销售收入净额－现销收入

销售收入净额＝销售收入－销售退回－销售折扣－销售折让

该比率体现了企业应收账款的流动性大小，它能反映企业的应收账款在一个会计年度内的周转次数，进而分析判断应收账款的变现速度和管理效率。该比率越高，说明应收账款在一个会计年度内的周转次数越多，周转速度越快，流动性越强，其管理效率较高，企业的营运能力越强；反之，流动性越弱，营运能力也就越弱。如果要确定应收账款周转一次需要的天数，可利用如下计算公式：

应收账款平均收账期（周转天数）＝360÷应收账款周转率

下面来看一个具体的案例，学习如何计算企业的应收账款周转率并判断营运能力。

【案例8-9】计算应收账款周转率分析营运能力

2020年12月末，某公司财会人员结合资产负债表、利润表、现金流量表和有关明细账的相关数据，总结出如下财务数据：公司当年实现赊销收入净额共计615.36万元，年初应收账款余额为30.04万元，年末应收账款余额为15.56万元。计算公司的应收账款周转率并分析营运能力。

①确定应收账款平均余额。

应收账款平均余额＝（30.04+15.56）÷2=22.80（万元）

②计算应收账款周转率。

应收账款周转率=615.36÷22.80≈27（次）

应收账款平均收账期=360÷27≈13.33（天）

从案例计算结果可知，该公司2020年的应收账款周转率为27，即一个会计年度内公司的应收账款大概周转了27次，每次周转时间大概为13.33天，平均半个月周转一次，说明公司的应收账款周转速度较快，其流动性较强，公司利用应收账款的效率较高，营运能力较强。

当然，如果与同行业的平均应收账款周转率水平相比，若更低，则说明该公司的应收账款周转率较低，应收账款的利用效率较低，营运能力较弱。

九、营运能力分析之存货周转率

存货周转率是衡量企业存货的利用效率的一项重要指标，因此也被称为存货利用率，它是企业一定时期内销售成本与存货平均余额的比值。相关计算公式如下：

$$存货周转率=销售成本÷存货平均余额$$

$$存货平均余额=（期初存货余额+期末存货余额）÷2$$

$$存货周转天数=360÷存货周转率$$

这是以成本为基础的存货周转率，其中销售成本通常用利润表中的营业成本表示，它主要用于企业资产的流动性分析。除此以外，还有一种存货周转率是以收入为基础的，即企业一定时期内销售收入与存货平均余额的比值，主要用于企业获利能力的分析，因此通常不计算存货周转天数，涉及的计算公式如下：

$$存货周转率=销售收入÷存货平均余额$$

以成本为基础的存货周转率，比率越高，说明企业存货的周转速度越快，流动性越强，企业利用存货赚取利润的能力越强，即营运能力越强；反之，存货周转速度越慢，流动性越弱，企业利用存货赚取利润的能力越弱，存货的利用效率越低，营运能力越弱。

以收入为基础的存货周转率，比率越高，说明企业通过存货获得收入的能力越强，盈利能力也就越强；反之，企业通过存货获得收入的能力越弱，盈利能力也就越弱。

需要注意的是，一些生产经营活动具有很强的季节性的企业，其各季度甚至各月份的销售成本和存货数量有很明显的波动，因此需要按月或按季度核算存货平均余额，以此算出的存货周转率才会更准确。下面看一个具体案例，学习存货周转率的计算和营运能力的判断。

【案例8-10】计算存货周转率分析营运能力

某公司是一家食品加工厂，生产销售活动没有明显的季节性。从 2020 年 12 月末的财务报表数据来看，当年营业成本总额为 433.44 万元，营业收入总额为 794.86 万元，年初存货余额为 31.58 万元，年末存货余额为 18.72 万元。

从不同角度计算该公司2020年的存货周转率,同时分析公司当年的营运能力。

①确定存货平均余额。

存货平均余额=(31.58+18.72)÷2=25.15(万元)

②计算以成本为基础的存货周转率。

以成本为基础的存货周转率=433.44÷25.15≈18(次)

存货周转天数=360÷18=20(天)

③计算以收入为基础的存货周转率。

以收入为基础的存货周转率=794.86÷25.15≈32(次)

从案例计算结果可知,无论是从成本的角度还是从收入的角度衡量公司的存货周转率,都表明该公司的存货周转率较高,存货的周转速度较快,利用存货获取利润的能力较强,营运能力较强。从成本角度看,公司的存货每20天就会周转一次,也就是实物变现的天数大概为20天,也能说明公司的存货利用效率较高。

实务中,我们不能单纯地以企业的一个计算结果来判定营运能力,还要结合自身以前年度的存货周转率或同行业存货周转率平均水平来看,从而准确判断企业的存货周转率高低和周转率的提高或降低,进一步衡量营运能力。

十、营运能力分析之流动资产周转率

流动资产周转率是企业一定时期内销售收入与流动资产平均余额的比值,它反映了企业对全部流动资产的利用效率,也体现了全部流动资产在一个会计期间内周转的次数。相关计算公式如下:

$$流动资产周转率=销售收入÷流动资产平均余额$$

$$流动资产平均余额=（期初流动资产余额+期末流动资产余额）÷2$$

$$流动资产天数=360÷流动资产周转率$$

该比率越高，说明企业的流动资产在一个会计期间内的周转次数越多，周转速度越快，企业利用流动资产赚取利润的能力就越强，流动资产的利用效率越高，企业营运能力越强；反之，流动资产在一个会计期间内的周转次数越少，周转速度越慢，利用流动资产赚取利润的能力越弱，流动资产的利用效率越高，营运能力越强。来看看具体的案例，学习计算流动资产周转率和分析判断企业的营运能力。

【案例8-11】计算流动资产周转率分析营运能力

某公司 2020 年 12 月末进行财务分析，得到相关财务数据：当年实现销售收入 826.54 万元，期初流动资产余额为 47.56 万元，期末流动资产余额为 52.42 万元。计算公司当年的流动资产周转率并分析营运能力。

①确定流动资产平均余额。

流动资产平均余额=（47.56+52.42）÷2=49.99（万元）

②计算流动资产周转率。

流动资产周转率=826.54÷49.99≈17（次）

流动资产周转天数=360÷17≈21.2（天）

由案例中的计算结果可知，该公司 2020 年的流动资产周转率为 17，即流动资产在一年内完成了约 17 次的变现，流动性较强，公司利用流动资产获取利润的能力较强，也就说明公司的流动资产利用效率较高，营运能力较强。实务中，有些行业的公司需要保留较多的流动资产，因此可能使流动资产周转率较低，此时需要结合行业特点来作详细的考量，不能单从数据结果的大小来判断营运能力。只要与同行业平均水平相当，营运能力就算不错。

十一、营运能力分析之固定资产周转率

固定资产周转率是企业销售收入与固定资产平均净值的比值，它主要用于分析企业对厂房和机器设备等固定资产的利用效率，因此也被称为"固定资产利用率"。相关计算公式如下：

固定资产周转率=销售收入÷固定资产平均净值

固定资产平均净值=（期初固定资产净值+期末固定资产净值）÷2

固定资产净值=固定资产原值−累计折旧

固定资产周转天数=360÷固定资产周转率

该比率越高，说明企业的固定资产周转速度越快，利用固定资产的效率越高，管理水平越高，营运能力越强；反之，固定资产的周转速度越慢，企业利用固定资产的效率越低，管理水平越低，营运能力越弱。

另外，固定资产的周转率高低在一定程度上还会影响企业盈利能力的高低。下面通过具体的案例，学习固定资产周转率的计算并分析企业营运能力。

【案例8-12】计算固定资产周转率分析营运能力

2020年12月底，某公司财务报表中相关数据显示：当年实现销售收入共876.24万元，年初固定资产净值为297.36万元，年末固定资产净值为288.12万元。计算公司当年的固定资产周转率并分析营运能力。

①确定固定资产平均净值。

固定资产平均净值=（297.36+288.12）÷2=292.74（万元）

②计算固定资产周转率。

固定资产周转率=876.24÷292.74 ≈ 3（次）

固定资产周转天数=360÷3=120（天）

从案例计算结果可知，该公司 2020 年的固定资产周转率为 3，即一年中固定资产可为公司带来收益约 3 次，每次价值变现的时间大概为 120 天。这与前述提及的应收账款、存货和流动资产一年周转接近 20 次甚至 30 次相比，周转次数明显偏低，周转速度明显过慢。但不能因此判定该公司的固定资产周转率较低，因为固定资产本身就具有流动性较弱的特点。

为了更准确地分析判断公司的固定资产周转率高低，公司需要结合同行业固定资产周转率平均水平进行比较。如果比同行业平均水平高，则说明公司的固定资产周转率较高，对固定资产的利用效率也就越高，营运能力较强，相应的盈利能力也就可能较强；如果比同行业平均水平低，说明公司的固定资产周转率较低，对固定资产的利用效率较低，营运能力较弱，相应的盈利能力也就可能较弱。

十二、营运能力分析之总资产周转率

总资产周转率是企业销售收入与资产平均总额的比值，它不仅反映总资产的周转速度，还可用来分析企业对全部资产的利用效率，因此也被称为"总资产利用率"。相关计算公式如下：

总资产周转率=销售收入÷资产平均总额

资产平均总额=（期初资产总额+期末资产总额）÷2

总资产周转天数=360÷总资产周转率

注意，在计算总资产周转率时，"销售收入"一般使用销售收入净额，即营业收入扣除销售退回、销售折扣和折让后的净额。这一点与固定资产、流动资产不同，固定资产和流动资产在计算周转率时使用的销售收入一般直接用营业收入表示。当然，如果企业当期没有发生任何销售退回、销售折扣和折让，则三种周转率中的销售收入就是同一个数据。

总资产周转率越高，说明总资产的周转速度越快，企业对全部资产的利用效率越高，营运能力越强，企业的盈利能力可能越强；反之，总资产的周转速度越慢，企业对全部资产的利用效率越低，营运能力越弱，企业的盈利能力可能越弱。下面看一个实例，学习如何计算总资产周转率并分析判断企业的营运能力。

【案例8-13】计算总资产周转率分析营运能力

2020年12月底，某公司财务报表数据显示：当年实现销售收入972.38万元，年初资产总额为625.46万元，年末资产总额为672.28万元。当年发生销售退回、销售折扣和折让共24.12万元，计算公司当年总资产周转率并分析营运能力。

①确定销售收入净额。

销售收入净额=972.38-24.12=948.26（万元）

②确定资产平均总额。

资产平均总额=（625.46+672.28）÷2=648.87（万元）

③计算总资产周转率。

总资产周转率=948.26÷648.87≈2（次）

总资产周转天数=360÷2=180（天）

从案例计算结果可知，该公司2020年的总资产周转率为2，即全部资产在一个会计年度内为公司创造价值的次数大概为两次，每次实现价值变现的天数大概为 180 天。这一周转速度与应收账款、存货和流动资产相比，明显较慢，但因为总资产中有大部分是流动性较弱的非流动资产，所以此时还不能判定该公司的总资产周转率较低。

为了更准确地分析判定公司的总资产周转率高低，需结合同行业的总资产周转率平均水平。如果高于平均水平，则说明该公司的总资产周转率较高，总资产的利用效率较高，营运能力较强，盈利能力很可能较强；如果低于平均水平，说明该公司的总资产周转率较低，总资产的利用效率较低，营运能力较弱，盈利能力可能受到不利影响。

十三、计算资产报酬率分析盈利能力

盈利能力是指企业获取利润的能力，而盈利是企业生存和发展的重要动力，因此盈利能力对企业来说至关重要。实务中，常常用一些报酬率和利润率来衡量企业盈利能力的高低，如资产报酬率、股东权益报酬率、销售毛利率、销售净利率、成本费用净利率和市盈率、市净率，这里先了解资产报酬率。

资产报酬率也称资产收益率，是企业在一定时期内的利润额与资产平均总额的比值，主要用来衡量企业利用资产获取利润的能力。与各种资产周转率不同，这里的资产报酬率更强调获取利润的能力，而前述提及的各种资产周转率更强调各种资产的利用效率。

因为对企业来说，利润额有多种表现形式，所以资产报酬率也有多种计算方式，相关计算公式如下：

资产息税前利润率＝息税前利润÷资产平均总额×100%

$$资产利润率=利润总额÷资产平均总额×100\%$$

$$资产净利率=净利润÷资产平均总额×100\%$$

这些资产报酬率都可以用来衡量企业的盈利能力，但侧重点有所不同，具体内容见表8-2。

表8-2　各种资产报酬率的作用

资产报酬率	作用
资产息税前利润率	通常用来评价企业利用全部资产获取报酬的能力和开展经营活动的效率。该利润率不受企业资本结构变化的影响，一般来说，只要企业的资产息税前利润率高于负债利息率，就说明有足够的收益用于支付债务利息。因此，该利润率不仅可以衡量企业的盈利能力，还可衡量企业的偿债能力
资产利润率	通常用来评价企业利用全部资产获取报酬的能力和所有经济活动给企业带来的效益水平，主要针对企业的盈利能力
资产净利率	由于净利润是企业所有者获得的剩余收益，所以该利润率通常用来评价企业对股权投资的回报能力。该比率一般被企业的股东用来进行财务分析

无论是哪一种资产报酬率，其高低都没有一个绝对的标准。一般来说，资产报酬率越高，说明企业利用全部资产获取利润的能力越强，即盈利能力越强；反之，利用全部资产获取利润的能力越弱，即盈利能力越弱。另外，通过资产报酬率，企业还可了解经营管理工作中可能存在的问题，应及时做出调整，提高经营管理水平。

但在实务中，企业必须结合本企业以前年度的资产报酬率或者同行业的同期资产报酬率平均水平来进行对比，从而判断出企业的资产报酬率的高低，以及在同行业中所处的竞争优劣势。下面通过一个案例，了解各种资产报酬率的计算并分析企业的盈利能力。

【案例8-14】计算各种资产报酬率分析盈利能力

2020年12月底，某公司财务报表数据显示：全年利润总额为242.36万元，净利润总额为180.77万元，当年利息支出共10.58万元，年初资产总额为683.74万元，年末资产总额为710.44万元。计算各种资产报酬率并分析公司的盈利能力。

①确定息税前利润。

息税前利润=242.36+10.58=252.94（万元）

②确定资产平均总额。

资产平均总额=（683.74+710.44）÷2=697.09（万元）

③计算各种资产报酬率。

资产息税前利润率=252.94÷697.09×100%=36.29%

资产利润率=242.36÷697.09×100%=34.77%

资产净利率=180.77÷697.09×100%=25.93%

由案例计算结果可知，该公司的资产息税前利润率、资产利润率和资产净利率分别为36.29%、34.77%和25.93%。也就是说，当公司的总资产为100.00元时，就可以为公司创造36.29元的息税前利润，34.77元的利润总额，以及25.93元的净利润，看起来资产报酬率较高，公司的盈利能力较强。

但此时，还不能准确断定企业的资产报酬率一定较高，盈利能力一定很强，还需结合本企业以前年度的资产报酬率或同行业的资产报酬率平均水平做详细分析。如果企业的资产报酬率基本上都高于以前年度自身的资产报酬率或者同行业平均水平，则说明企业的资产报酬率确实较高，盈利能力较强；如果低于自身以前年度资产报酬率或同行业平均水平，说明企业的资产报酬率在下降，盈利能力可能在减弱，需要引起管理者的注意，及时发现经营管理中的问题，从而积极采取措施，改善经营，提高经营管理水平。

十四、通过股东权益报酬率分析盈利能力

股东权益报酬率是企业一定时期的净利润与股东权益平均总额的比值，由于股东权益即所有者权益，有时也被称为企业的净资产，所以该报酬率也被称为"净资产收益率"或"所有者权益报酬率"。相关计算公式如下：

股东权益报酬率＝净利润÷股东权益平均总额×100%

股东权益平均总额＝（期初股东权益总额＋期末股东权益总额）÷2

股东权益报酬率反映企业股东或所有者获取投资报酬的高低，也是评价企业盈利能力的一个重要财务指标。该比率越高，说明企业盈利能力越强，股东或投资者获取投资报酬较高，企业的经营管理水平较高；反之，企业盈利能力越弱，股东或投资者获取投资报酬较低，企业的经营管理水平较低，管理工作中可能存在问题。

股东权益报酬率还可进行如下所示的变形计算：

股东权益报酬率＝资产净利率×平均权益乘数＝（净利润÷资产平均总额）×（资产平均总额÷股东权益平均总额）

由此可见，股东权益报酬率内含了资产净利率和平均权益乘数两个因素。而资产净利率与股东权益报酬率一样，用来衡量企业的盈利能力，但权益乘数则是企业长期偿债能力的衡量指标，也是企业资产结构的体现，所以股东权益报酬率不仅可以反映企业的盈利能力，还能反映企业资产结构的合理性以及债务保障程度。

下面通过一个实例，了解和学习股东权益报酬率的计算与盈利能力分析。

【案例8-15】计算股东权益报酬率分析盈利能力

2020 年 12 月底，某公司的财务报表数据显示：全年获取净利润 1 508.12 万元，年初股东权益总额为 5 234.68 万元，年末股东权益总额为 5 352.74 万元。计算公司当年的股东权益报酬率并分析其盈利能力。

①确定股东权益平均总额。

股东权益平均总额＝（5 234.68+5 352.74）÷2=5 293.71（万元）

②计算股东权益报酬率。

股东权益报酬率=1 508.12÷5 293.71×100%=28.49%

由案例计算结果可知，该公司 2020 年的股东权益报酬率为 28.49%，即公司每 100.00 元的股东权益，可为公司带来 28.49 元的净利润，看起来似乎报酬率还不错。但是不是真的不错呢？我们还需结合公司本身以前年度的股东权益报酬率，或同行业同期的股东权益报酬率平均水平来详细分析判断。

如果公司当期的股东权益报酬率与自身前期的股东权益报酬率相比有所提升，说明公司的股东权益报酬率在增加，盈利能力在变强；反之，如果与前期的股东权益报酬率相比有所降低，说明公司的盈利能力在减弱，管理者应及时找出问题所在，积极采取应对措施，改善经营，提高经营管理水平。

如果与同行业的股东权益报酬率平均水平相比较高，说明公司的盈利能力较强，在同行业中有竞争优势；如果比同行业的股东权益报酬利率平均水平低，说明公司的盈利能力较弱，在同行业中处于劣势，经营管理中可能存在问题，管理者需重点查看问题所在，并找出其原因，从而对症下药，采取有效措施提高公司的经营管理水平，提高股东权益报酬率，提升自身的盈利能力。

十五、以销售与利润的关系分析盈利能力

对企业来说，销售与利润的关系主要通过销售毛利率和销售净利率来体现，而这两个比率也是分析企业盈利能力的重要财务指标。

（1）销售毛利率与盈利能力

销售毛利率指企业一定时期的销售毛利与销售收入净额的比值，一般用来反映企业销售成本与销售收入的比例关系，以及企业通过销售业务获取利润的能力。相关计算公式如下：

$$销售毛利率=销售毛利÷销售收入净额×100\%$$

$$销售毛利=销售收入净额-销售成本$$

$$销售收入净额=营业收入净额=营业收入-销售退回-销售折扣和折让$$

销售毛利率越高，说明企业的销售毛利占销售收入净额的比例越大，即销售成本与销售收入净额之间的差距越大，企业可用较少的投入获取较多的收益，盈利能力越强；反之，企业的销售毛利占销售收入净额的比例越小，即销售成本与销售收入净额之间的差距越小，在同等收益目标下，企业需要用更多的投入才能达到收益目标，盈利能力越弱。

【案例8-16】计算销售毛利率分析盈利能力

2020年12月底，某公司的财务报表数据显示：全年营业收入总额共计1 542.36万元，当年发生销售退回、销售折扣和折让共23.02万元，全年营业成本总额为786.52万元。计算公司当年的销售毛利率并分析盈利能力。

①确定营业收入净额。

营业收入净额=1 542.36-23.02=1 519.34（万元）

②确定销售毛利。

销售毛利=1 519.34-786.52=732.82（万元）

③计算销售毛利率。

销售毛利率=732.82÷1 519.34×100%=48.23%

从案例计算结果可知，该公司的销售毛利率为48.23%，即公司每100.00元的营业收入净额就能带来48.23元的毛利。初步看上去，公司的盈利能力还行，但要想准确判定公司的盈利能力强弱，还要借助销售净利率。

（2）销售净利率与盈利能力

销售净利率指企业一定时期内的净利润与营业收入净额的比值，一般用来反映企业净利润占营业收入的比例，衡量企业通过经济活动获取利润的能力。相关计算公式如下：

$$销售净利率=净利润÷销售收入净额×100\%$$

该比率越高，说明企业当期的净利润占销售收入净额的比例越高，在同等成本投入下，企业可获取更多的收益，盈利能力越强；反之，说明企业当期的净利润占销售收入净额的比例越低，在同等成本投入下，企业能够获取的收益越低，盈利能力越弱。

在【案例8-16】的基础上，学习销售净利率的计算并进一步分析公司的盈利能力。

【案例8-17】计算销售净利率分析盈利能力

2020年12月底，某公司的财务报表数据显示：全年营业收入净额共计1 519.34万元，销售毛利为732.82万元，最终销售净利润为540.32万元。

计算公司当年的销售净利率并分析盈利能力。

销售净利率=540.32÷1 519.34×100%=35.56%

由案例计算结果可知，该公司的销售净利率为35.56%，即每100.00元的销售收入净额就可为公司带来35.56元的净利润。仅从净利润在销售收入净额中的占比来看，公司的销售净利率较高，盈利能力较强。但实际上是否如此呢？还需结合本公司以前会计期间的销售净利率或同行业同期的销售净利率平均水平来对比分析。

如果公司当年的销售净利率比以往会计年度的销售净利率高，说明销售净利率在上涨，公司的盈利能力在变强；反之，销售净利率比以往会计年度的低，说明销售净利率在下降，公司的盈利能力在变弱，经济活动或者销售策略可能出现问题，管理者要引起重视，找准原因，积极采取措施提高盈利能力。

如果公司当年的销售净利率比同行业当年的销售净利率平均水平高，说明公司的盈利能力确定比较强，在同行业中有竞争优势；反之，销售净利率比同行业平均水平低，说明公司的盈利能力实际上并不高，在同行业中甚至可能处于不利地位，需要管理者积极采取措施，提升销售净利率，从而增强公司在同行业中的竞争力。

十六、核算成本费用净利率分析盈利能力

成本费用净利率是企业一定时期内净利润与成本费用总额的比值，它反映了企业生产经营过程中产生的耗费与获得的报酬之间的关系，是一种比较直接的投入产出关系。相关计算公式如下：

$$成本费用净利率=净利润÷成本费用总额×100\%$$

$$成本费用总额=营业成本+税金及附加+销售费用+管理费用+财务费用+所得税费用等$$

成本费用净利率越高，说明企业在同等净利润目标下成本费用的耗费会更少，换句话说，企业可以用更少的投入获取同等收益，企业对成本费用的管控很有效，经营管理水平越高，盈利能力越强；反之，企业在同等净利润目标下成本费用的耗费会更多，即需要用更多的投入才能获取同等收益，企业对成本费用的管控不到位，经营管理水平越低，盈利能力越弱。

下面通过一个案例来学习成本费用净利率的计算和盈利能力的分析。

【案例8-18】计算成本费用净利率分析盈利能力

2020年11月底，某公司的财务报表数据显示：当月实现净利润21.38万元，当月营业成本56.34万元，税金及附加1.54万元，销售费用11.42万元，管理费用16.58万元，财务费用0.42万元，所得税费用7.12万元。计算公司当月的成本费用净利率并分析盈利能力。

①确定成本费用总额。

成本费用总额=56.34+1.54+11.42+16.58+0.42+7.12=93.42（万元）

②计算成本费用净利率。

成本费用净利率=21.38÷93.42×100%=22.89%

由案例计算结果可知，该公司的成本费用净利率为22.89%，即公司每投入100.00元的成本费用，就可以获取22.89元的净利润，看上去净利率不是很高，但并不能因此就判断公司的盈利能力较弱，有些行业特点决定了其成本费用净利率偏低。所以公司要结合同行业的成本费用净利率平均水平进行比较分析，从而判断公司的盈利能力是否较弱。

如果公司的成本费用净利率高于同行业平均水平，则说明公司的盈利能力实际上还是比较强，公司对成本费用的控制是有效的，经营管理水平较高；如果成本费用净利率低于同行业平均水平，说明公司的盈利能力确实不强，对成本费用的控制存在问题，导致经营管理水平不高，此时管理者需找到成本费用管控工作中的弱点，并积极采取措施提高成本费用管控效益，从而提高公司的盈利能力。

十七、用每股利润和每股现金流量分析上市公司盈利能力

每股利润和每股现金流量的计算涉及公司的普通股和优先股问题，因此常用来分析并衡量上市公司的盈利能力。本节分别介绍两个财务指标的计算。

（1）每股利润与盈利能力

每股利润是企业普通股每股所获净利润，也称每股收益或每股盈余。它是净利润减去优先股股利后的余额与发行在外的普通股平均股数的比值，计算公式如下：

每股利润＝（净利润−优先股股利）÷发行在外的普通股平均股数

每股利润反映的是上市公司普通股每股所获的净利润，因此可以反映公司盈利能力的大小。每股利润越高，说明公司盈利能力越强；反之，盈利能力越弱。

虽然每股利润可以直观地反映股份公司的盈利能力，但对于投资者来说，不能片面地看被投资公司的每股利润，因为即使两家公司的每股利润相同，

但股价也可能不同，而股价在一定程度上反映了公司的经营风险和投资报酬情况，所以投资者要综合考量每股利润及股价。下面就通过一个案例学习每股利润的计算和盈利能力的分析。

【案例8-19】计算每股利润分析盈利能力

某股份公司 2020 年 11 月初，发行在外的普通股股数为 1 200 万股，月末发行在外的普通股股数为 1 250 万股。已知当月实现净利润 108.00 万元，公司没有优先股，计算公司当月的每股利润并分析盈利能力。

①确定普通股平均股数。

普通股平均股数＝（1 200+1 250）÷2=1 225（万股）

②计算每股利润。

每股利润=108.00÷1 225=0.09（元）

由案例计算结果可知，该公司当月的每股利润非常低，只有 0.09 元，说明该公司的盈利能力较弱。但这只是初步的分析，想要更准确地判断公司的盈利能力，还需结合本公司前期的每股利润情况或者同行业当期每股利润的平均水平来看。

如果公司当月的每股利润低于前期每股利润水平，说明公司的每股利润在下降，盈利能力在减弱；反之，公司每股利润在增加，盈利能力在增强。如果与同行业同期每股利润的平均水平相比，低于平均水平，说明公司的盈利能力确实很弱；反之，盈利能力实际上还是比较高的，之所以每股利润那么少，很可能是行业特点所致，公司可从自身出发，提高每股利润水平。

（2）每股现金流量与盈利能力

每股现金流量是股份公司经营活动产生的现金流量净额，扣除优先股股利后的余额与发行在外的普通股平均股数的比值，计算公式如下：

每股现金流量=（经营活动产生的现金流量净额−优先股股利）÷发行在外的普通股平均股数

每股现金流量反映的是股份公司普通股每股取得的经营活动现金流量，可以更直观地体现出企业每股的现金收益，从而衡量出企业的盈利能力。每股现金流量越大，说明企业的盈利能力越强；反之，盈利能力越弱。

【案例8-20】计算每股现金流量分析盈利能力

某股份公司2020年12月的经营活动产生的现金流量净额为258.32万元，月初时发行在外的普通股股数为250万股，月末时发行在外的普通股股数为200万股。已知公司没有优先股，计算该公司当月的每股现金流量并分析其盈利能力。

①确定普通股平均股数。

普通股平均股数=（250+200）÷2=225（万股）

②计算每股现金流量。

每股现金流量=258.32÷225=1.15（元）

由案例计算结果可知，该公司当月的每股现金流量为1.15元，即每股普通股会给公司经营活动带来1.15元的现金流量净额，也就是现金利润。看上去不多，似乎盈利能力也不是很强，但也不能武断地做出公司盈利能力不强的结论，还是需要结合公司自身前期的每股现金流量情况或同行业同期每股现金流量平均水平来判断。

与自身前期的每股现金流量相比有所上升，或者与同行业同期的每股现金流量平均水平相比更大，说明公司的盈利能力在增强，公司在同行业中有一定的竞争优势；如果与自身前期的每股现金流量相比有所下降，或者与同行业同期的每股现金流量平均水平相比更低，说明公司的盈利能力在减弱，在同行业中处于劣势，公司管理者需积极采取有效措施，提高盈利能力。

十八、发展能力分析之销售增长率

发展能力指企业扩大经营规模、提高经济实力的能力，也称为成长能力。一般来说，分析企业的发展能力需要从各方面的增长情况来看，常使用的财务指标是一些增长率，如销售增长率、利润增长率、资产增长率和股权资本增长率。本小节先来了解销售增长率。

销售增长率即企业当期的销售收入增长额与上一期销售收入总额的比率，主要用来反映销售收入的增长情况，从而分析判断企业的发展能力。计算公式如下：

销售增长率＝当期销售收入增长额÷上一期销售收入总额×100%

当期销售收入增长额＝当期销售收入总额－上一期销售收入总额

注意，该公式中的销售收入通常用利润表中的营业收入表示。销售增长率大于0，说明企业当期的销售收入在增加，增长率越大，企业销售收入增长的幅度越大，成长性和发展能力越强；反之，增长率越小，企业销售收入增长幅度越小，成长得越慢。

销售增长率小于0，说明企业当期的销售收入与前期相比在减少，增长率越趋近于0，企业销售收入的减少幅度越小，成长性和发展能力受到不利因素的影响较小，企业还可通过采取积极有效的措施来改善；反之，增长率离0越远，企业销售收入的减少幅度越大，成长性和发展能力受到较大的影响，企业的销售活动可能存在较大的问题，企业管理者需要立即找出原因，并对症下药，积极采取相关措施来阻止销售收入的减少，从而保证企业的成长性和发展能力，使企业不至于在同行业中被淘汰。下面来看一个例子，学习如何计算销售增长率并分析发展能力。

【案例8-21】计算销售增长率分析发展能力

2020年12月末，某公司的财务报表数据显示：营业收入全年共1 658.24万元，上一年营业收入共1 386.54万元。计算公司的销售增长率并分析其发展能力。

①确定当期销售收入增长额。

销售收入增长额=1 658.24−1 386.54=271.70（万元）

②计算销售增长率。

销售增长率=271.70÷1 658.24×100%=16.38%

由案例计算结果可知，该公司2020年销售增长率为16.38%，大于0，说明公司2020年的销售收入与2019年相比增加了，成长性和发展能力在提高。但发展能力是否增强，还需与同行业销售增长率的平均水平做比较，如果高于平均水平，说明公司的发展能力确实较强；如果低于平均水平，说明公司的发展能力还不足，还需要继续努力提高销售收入的增长幅度，从而提高成长性和发展能力。

十九、发展能力分析之利润增长率

对企业来说，处于不同的阶段有不同的利润数据，相应地，利润增长率就不止一个。分析企业的发展能力时，通常可采用的有利润总额增长率和净利润增长率。

（1）利润总额增长率

利润总额增长率可简化称之为利润增长率，是企业当期利润总额增长额与上一期利润总额的比率，主要反映企业的利润总额增长情况，相关计算公式如下：

利润增长率＝当期利润总额增长额÷上一期利润总额×100%

当期利润总额增长额＝当期利润总额－上一期利润总额

如果利润增长率大于0，说明企业当期的利润总额较上一期有所增加，增长率越大，企业成长性越好，发展能力越强；增长率越小，企业成长性有待改善，发展能力也有待提高。

如果利润增长率小于0，说明企业当期的利润总额较上一期有所下滑，增长率越接近0，企业利润总额的下滑幅度越小，成长性虽弱，但完全可以通过采取积极的措施来改善，发展能力需要提高；增长率离0越远，企业利润总额的下滑幅度越大，成长性非常不好，发展能力非常弱，企业急需采取有效措施来改善当前状况，从而提高发展能力。

【案例8-22】计算利润增长率分析发展能力

2020年12月末，某公司的财务报表数据显示：当年利润总额共654.28万元，上一年利润总额为710.62万元。计算公司当年的利润增长率并分析其发展能力。

①确定当年利润总额增长额。

利润总额增长额＝654.28－710.62＝－56.34（万元）

②计算当年利润增长率。

利润增长率＝－56.34÷654.28×100%＝－8.61%

由案例计算结果可知，该公司2020年的利润增长率为－8.61%，小于0，说明与 2019 年相比，2020 年的利润总额减少了，很显然公司的成长性不好，发展能力变弱了。公司管理者需要及时寻找利润总额下降的主要原因，从而找出应对策略，提高发展能力。

（2）净利润增长率

净利润增长率是企业当期净利润增长额与上一期净利润总额的比率，主要反映企业净利润的增长情况，相关计算公式如下：

净利润增长率=当期净利润增长额÷上一期净利润×100%

当期净利润增长额=当期净利润-上一期净利润

由于净利润是企业的税后利润，其增长情况更能说明企业的成长性和发展能力。净利润增长率大于 0，说明企业当期的净利润较上一期增加了，增长率越大，企业成长性越好，发展能力越强；增长率越小，企业有成长性，但成长效益不明显，有发展能力但不强。

如果净利润增长率小于 0，说明企业当期的净利润较上一期减少了，企业成长性不好，发展能力较弱；如果增长率远低于 0，说明企业处于发展倒退的状态，几乎没有什么发展能力。

【案例8-23】计算净利润增长率分析发展能力

2020 年 12 月末，某公司的财务报表数据显示：公司当年实现净利润共计 478.94 万元，而上一年实现净利润为 450.76 万元。计算公司 2020 年的净利润增长率并分析发展能力。

①确定当年净利润增长额。

净利润增长额=478.94-450.76=28.18（万元）

②计算当年净利润增长率。

净利润增长率=28.18÷478.94×100%=5.88%

由案例计算结果可知，该公司 2020 年净利润增长率为 5.88%，大于 0，说明公司 2020 年实现的净利润与 2019 年相比增加了，公司的盈利能力在增强，成长性在变好，发展能力在增强。此时如果与同行业的净利润增长率平均水平对比，高于平均水平，则说明公司的发展能力较强；反之，发展能力虽在增强，但能力仍然不强，在同行业中没有优势，需要继续提高发展能力。

二十、发展能力分析之资产增长率

资产增长率是指企业当期总资产增长额与期初资产总额的比率，主要反映企业总资产的规模扩张或资本增长情况，计算公式如下：

资产增长率＝当期总资产增长额÷期初资产总额×100%

当期总资产增长额＝期末资产总额－期初资产总额

资产增长率大于 0 时，说明企业的总资产规模在扩大，增长率越高，规模的扩张速度越快，企业的成长性良好，发展能力越强；增长率越低，总资产在增加，但增长的幅度较小，企业发展能力越弱。

资产增长率小于 0 时，说明企业的总资产规模在缩减，增长率越接近 0，说明缩减的幅度变小，企业的成长性和发展能力受到限制；增长率远离 0，说明资产的缩减幅度越大，企业的成长性和发展能力越弱。

【案例8-24】计算资产增长率分析发展能力

2020 年 12 月末，某公司财务报表数据显示：年初资产总额为 1 052.34 万元，年末资产总额为 1 123.44 万元，计算公司当年的资产增长率并分析发展能力。

①确定当年总资产增长额。

总资产增长额=1 123.44−1 052.34=71.10（万元）

②计算当年资产增长率。

资产增长率=71.10÷1 052.34×100%=6.76%

由案例计算结果可知，该公司 2020 年资产增长率为 6.76%，大于 0，说明公司当年的总资产在增加，规模在扩大，成长性和发展能力在变强。但 6.76% 这一增长率是否能说明公司的发展能力较强呢？为了更准确地判断公司的发展能力，需结合同行业同期资产增长率平均水平来看。

如果公司的资产增长率高于同行业同期资产增长率平均水平，说明公司的发展能力较强，在同行业中有一定的优势；如果比平均水平低，说明公司的发展能力虽在增强，但总的发展能力仍然不强，还需适当地提高资产增长率，或者从其他方面来提高企业的发展能力，比如盈利能力和经营管理水平。

二十一、发展能力分析之股权资本增长率

股权资本就是企业的所有者权益（或股东权益），股权资本增长率就是企业当期股东权益增长额与期初股东权益总额的比率，也称净资产增长率或资本积累率。相关计算公式如下：

股权资本增长率=当期股东权益增长额÷期初股东权益总额×100%

当期股东权益增长额=期末股东权益总额−期初股东权益总额

同理，股权资本增长率大于 0，说明企业的股权资本在增加，规模在扩大，增长率越高，股权资本增长幅度越大，企业的成长性越好，发展能力越强；

增长率越低，股权资本增长幅度越小，企业成长性一般，发展能力不凸显。

股权资本增长率小于0，说明企业的股权资本在减少，规模在缩减，增长率越接近0，说明缩减的幅度越小，企业成长性较弱，发展能力也较弱；增长率离0越远，说明缩减的幅度越大，企业的成长性较差，发展能力也越差。

【案例8-25】计算股权资本增长率分析发展能力

2020年12月末，某公司的财务报表数据显示：年初股东权益共827.38万元，年末股东权益共839.52万元。计算股权资本增长率并分析判断企业的发展能力。

①确定股东权益增长额。

股东权益增长额=839.52-827.38=12.14（万元）

②计算股权资本增长率。

股权资本增长率=12.14÷827.38×100%=1.47%

由案例计算结果可知，该公司2020年的股权资本增长率为1.47%，大于0，说明公司的股权资本在增加，有一定的成长性，发展能力也有。但发展能力是好还是一般，还需结合同行业平均水平判断。

如果股权资本增长率高于同行业同期股权资本增长率平均水平，说明公司的成长性确实不错，发展能力也比较强；如果低于同行业股权资本增长率平均水平，说明公司有一定成长性，但成长性不高，发展能力也不是很强。

至此，财务指标分析就基本介绍完毕，但在实务中还要多多结合实际情况来判断企业的各方面能力，这样才能保证分析判定的结果是准确的。

第 9 章

投融资管理的实用公式

　　一家企业仅靠生产经营活动，其发展前景是有限的，所以很多企业还会搭配投融资活动进行经营管理。投资活动可扩大企业的盈利途径，而融资活动可使企业在合理的范围内举债经营，节约自身的资本以增加其他投资机会，从而扩大盈利。由此可见，要成为财务精英，投融资管理也要掌握。当然，投融资管理工作中也常常涉及一些必要的计算公式，方便进行计算、分析，本章就来认识一些常见的实用公式。

71% 年度计划完成情况

一、名义利率和实际利率的确定

在本书第3章的有关内容中已经简单介绍过名义利率和实际利率之间的换算公式，本小节再详细介绍这两个利率。

（1）名义利率

名义利率是考虑了通货膨胀因素的市场利率，在该利率水平下计算出的投资收益并不是投资者能够获得的真实收益。名义利率的一般计算公式如下：

$$1+名义利率＝（1+实际利率）×（1+通货膨胀率）$$

在实务中，一般将名义利率的计算公式简化为如下计算公式：

$$名义利率＝实际利率+通货膨胀率$$

（2）实际利率

当市场存在通货膨胀时，投资者的货币购买力下降，即货币会贬值，因此投资者的真实收益必须要剔除通货膨胀的影响才可确定，这时确定的市场利率就是实际利率。简单来说，实际利率就是在物价水平、货币购买力等不变条件下的利息率。

（3）名义利率与实际利率的关系

名义利率与实际利率之间存在紧密联系，主要表现在如下三个方面：

◆ 当计息周期为一年时，名义利率等于实际利率；计息周期短于一年时，名义利率小于实际利率。

◆ 名义利率不能完全反映资金时间价值，实际利率才能完全反映资金时间价值。

◆ 名义利率越大，且计息周期越短，实际利率与名义利率的差距越大。

下面通过一个简单的案例，了解名义利率与实际利率的换算。

【案例9-1】名义利率与实际利率之间的换算

已知银行一年期的存款利率为 1.75%，同期通货膨胀率为 5%。计算储户存入资金可获得的实际存款利率。

一般来说，银行公布的存款利率为名义利率，对储户来说就要结合通货膨胀率核算出实际利率，这样才能准确计算货款利息收益。根据"1+名义利率＝（1+实际利率）×（1+通货膨胀率）"公式，可得

1+1.75%＝（1+实际利率）×（1+5%）

通过运算变形，可得

1+实际利率＝（1+1.75%）÷（1+5%）

实际利率＝-0.03%

案例中算出的实际利率为 -0.03%，说明在考虑通货膨胀和货币时间价值的基础上，储户向银行存入资金，实际上是在亏本的，主要表现为货币贬值的程度大于存款所获利息的程度。也就是说，虽然储户向银行存入资金可以获取 1.75% 的利息率，但实际上获得的利息不足以弥补资金贬值的损失。这里算出的实际利率为负数并不是说储户存款不能获取利息，一定要区分清楚。

二、计算存款单利计息的现值与终值

单利是指一笔资金无论存期长短，只有本金计算利息，而以前各期所获

的利息在下一个利息周期内不计算利息的计息方式。因此，存款单利计息的计算公式如下：

$$利息=本金×利率×计息期数$$

那么，什么是现值，什么又是终值呢？现值指将来的一笔资产或负债折算到现在值多少钱，所以现值有时也称为"折现值"。存款单利计息的现值计算公式如下：

$$单利现值=单利终值-利息$$

为了更方便运算，一般将现值用 P 表示，即常说的本金；终值用 F 表示，即常说的本利和；利息用 I 表示，利息率用 i 表示，计息期用 n 表示。单利现值的计算公式就可表示如下：

$$P=F-I=F-P×i×n=F÷(1+i×n)$$

终值与现值对应，指某一时点的一定量的现金折算到未来某个时点时的价值，实务中通常用"本利和"表示。相关计算公式如下：

$$单利终值=单利现值+利息$$

$$F=P+P×i×n=P×(1+i×n)$$

【案例9-2】已知存款现值求存款单利终值

2020年1月初，某公司在其开户银行存入50.00万元的资金，存期一年，存款年利率为1.75%，已知该存款以单利计息，计算这笔存款一年后的终值。

单利终值=500 000.00×（1+1.75%×1）=508 750.00（元）

公司2020年1月初存入银行的50.00万元资金，一年后的终值为508 750.00元，即该笔存款的利息额为8 750.00元。

【案例9-3】已知存款单利终值求存款现值

某公司2020年1月初向银行存入一笔资金，存期一年，存款年利率为

1.75%。如果要求到期时存单单利终值达到 70.00 万元，在存款单利计息的条件下，公司年初需要存入多少钱？

在这里，年初存入的资金就是资金现值。

存款现值=700 000.00÷（1+1.75%×1）=687 960.69（元）

也就是说，该公司年初时至少要向银行存入 687 960.69 元，才能在一年后获得 70.00 万元的资金，即存款终值达到 70.00 万元。

实务中，实际的获利情况还需考虑通货膨胀率，因此，上述案例中计算得出的利息额并不是企业在综合各方面因素后的实际获利情况，这一点必须要明确。

三、计算存款复利计息的现值与终值

复利指在计算存款利息时，某一计息期所获取的利息是由其本金加上前期所获利息总额之和来计算的计息方式，即俗称的"利滚利"。

存款第一期的利息计算公式如下：

$$利息=本金×利率=P×i$$

存款第二期的本金为第一期结束后的本利和，利息计算公式如下：

$$利息=（本金+本金×利率）×利率=本金×（1+利率）×利率=P×（1+i）×i$$

以此类推，到存款到期时，本利和的计算公式就变成如下所示的形式：

$$本利和=本金×（1+利率）^{计息期数}$$

$$F=P×（1+i）^n$$

也就是说，存款复利计息的终值计算公式为"$F=P\times(1+i)^n$"，那么存款复利计息的现值计算公式如下。

$$P=F\div[(1+i)^n]$$

下面通过两个简单的案例来学习存款复利终值和复利现值的计算。

【案例9-4】已知存款现值求存款复利终值

2020年1月初，某公司向银行申请存期为两年的定期存款，本金80.00万元。已知年利率为2.25%，采用复利计息方式，计算该笔存款的复利终值。

存款复利终值=800 000.00×(1+2.25%)²=836 405.00（元）

由案例计算结果可知，该公司80.00万元的为期一年的定期存款的复利终值为836 405.00元，即一年后存款到期时本利和为836 405.00元，所获利息额共36 405.00元。

【案例9-5】已知存款复利终值求存款现值

2020年11月，某公司决定向银行申请存入一笔为期一年的定期存款，要求到期后存款复利终值有100.00万元。已知年利率为1.75%，计算该笔存款的现值是多少？

存款现值= 复利终值 ÷[(1+i)^n]=1 000 000.00÷[(1+1.75%)¹]

=982 800.98（元）

由案例计算结果可知，该公司要想在一年后获得本利和100.00万元，即达到复利终值为100.00万元，就需要存款现值为982 800.98元，即存入金额为982 800.98元。

实务中，为了简化运算，也为了方便核算其他投资项目的获利情况，将复利计息的终值计算公式中的"$(1+i)^n$"作为复利终值系数，计算时直接查询复利终值系数表计算得出复利终值。同理，将复利计息的现值计算公式中的"$1 \div (1+i)^n$"作为复利现值系数，计算时直接查询复利现值系数表计算得出复利现值。

【案例9-6】已知初始投资额求投资额复利终值

2020年1月初，某公司参与了某投资项目，为期5年，本金80.00万元。已知收益率为6%，采用复利计息方式，计算该笔投资的复利终值。

通过查询复利终值系数表可知，当计息期为一年，收益率为6%时，复利终值系数为1.06，那么计算如下：

投资额复利终值=80.00×1.06=84.80（万元）

由案例计算结果可知，该公司80.00万元的投资额，为期5年的投资收益率为6%的投资项目的复利终值为84.80万元，即所投资收益为4.80万元。

【案例9-7】已知投资额复利终值求初始投资额

2020年11月，某公司决定投资一个项目，投资期为3年，要求到期后投资额复利终值有100.00万元。已知收益率为7%，计算该项投资的初始投资额是多少？

存款现值 = 复利终值 ÷ $[(1+i)^n]$ = 复利终值 × 复利现值系数

通过查询复利现值系数表可知，当计息期为3年，投资收益率为7%时，复利现值系数为0.816，那么计算如下：

初始投资额=100.00×0.816=81.60（万元）

由案例计算结果可知，该公司要想在3年后收回投资时获得投资本金和收益总和为100.00万元，则初始投资额最少为81.60万元，即投资额现值为81.60万元。

当然，无论是复利现值系数还是复利终值系数，都是直接查询相关系数表获取的，与直接的复利计算结果有出入，因为涉及四舍五入，但不影响学习。

四、计算普通年金的终值与现值

普通年金又称为"后付年金",指每期期末有等额的收付款项的年金。这种年金形式在实务中最常见,普通年金的终值相当于零存整取的本利和,是一定时期内每期期末等额收付款项的复利终值之和。其原理如图9-1所示。

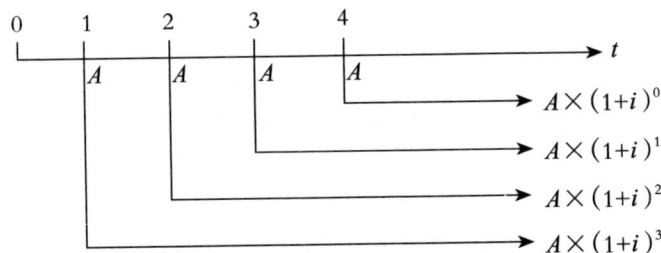

图 9-1　普通年金终值

由此可见,普通年金终值的计算公式如下:

$$F = A + A \times (1+i) + A \times (1+i)^2 + \cdots\cdots + A \times (1+i)^{n-1}$$

$$F = A \times [(1+i)^n - 1] \div i$$

上述计算公式中,F 表示年金终值,A 表示年金,i 表示利率,n 表示期数。"$[(1+i)^n - 1] \div i$"通常称为年金终值系数。计算时,可直接查询年金终值系数表,运算史简便。

【案例9-8】已知年金求年金终值

2020年11月,某公司决定向其参与的某投资项目投入资金,连续投入5年,每年投资额均为20.00万元。第一年末(即2021年11月)开始投入资金,已知投资收益率为6%,到第5年末(即2025年11月),公司的投资本金及收益的总和共有多少?

通过查询年金终值系数表可知,期数为 5,收益率为 6% 时,年金终值系数为 5.637,那么计算如下:

普通年金终值 =200 000.00×5.637=1 127 400.00(元)

由案例计算结果可知,该公司为期 5 年、投资收益率为 6% 的投资项目在到期时可收到投资本金和收益共 1 127 400.00 元,即获取投资收益 127 400.00 元(1 127 400.00−200 000.00×5)。

普通年金现值指一定时期内每期期末收付款项的复利现值之和,其原理如图 9-2 所示。

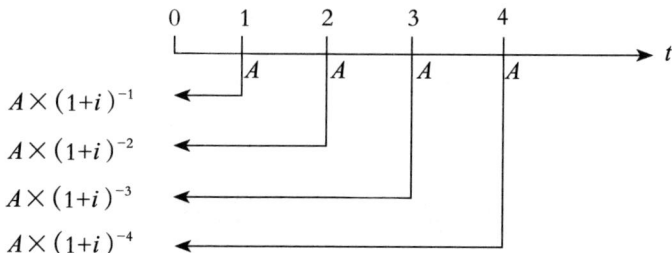

图 9-2 普通年金现值

因此,普通年金现值的计算公式如下:

$$P=A\times(1+i)^{-1}+A\times(1+i)^{-2}+\cdots\cdots+A\times(1+i)^{-n}$$

$$P=A\times[1-(1+i)^{-n}]\div i$$

上述计算公式中,P 表示年金现值,A 表示年金,i 表示利率,n 表示期数。"$[1-(1+i)^{-n}]\div i$"通常称为年金现值系数。计算时,可直接查询年金现值系数表,运算更简便。

【案例9-9】已知年金求年金现值

2020 年 11 月,某公司决定向其参与的某投资项目投入资金,连续投入

5年，每年投资额均为20.00万元。第一年末（即2021年11月）开始投入资金，已知投资收益率为6%，那么将这个项目的投资折算到现在（即2020年11月），其现值是多少呢？

通过查询年金现值系数表可知，期数为5，收益率为6%时，年金现值系数为4.212，那么计算如下：

普通年金现值=200 000.00×4.212=842 400.00（元）

由案例计算结果可知，该公司连续5年进行的等额投资，其投资本金和投资收益的总和，折算为现值有842 400.00元。

从前述两个案例可以看出，实务中无论是已知年金终值还是年金现值，都可以结合相关年金系数表倒推出年金有多少，在投资活动中比较常用。

五、计算预付年金的终值与现值

预付年金指即付年金，指在每期期初等额收付的款项。它与普通年金的最大区别在于付款时间的不同。预付年金终值是一定时期内每期期初等额收付款项的复利终值之和，其原理如图9-3所示。

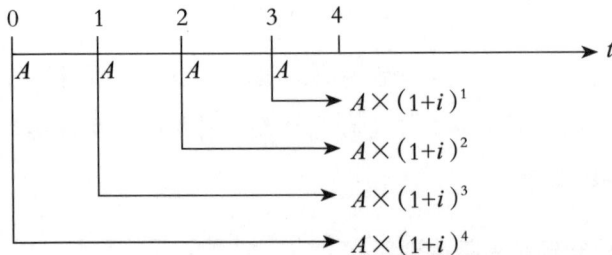

图9-3 预付年金终值

由此可见，预付年金终值的计算公式如下：

$$F=A\times(1+i)+A\times(1+i)^2+\cdots\cdots+A\times(1+i)^n$$

$$F=A\times\{[(1+i)^{n+1}-1]\div i-1\}$$

上述公式中，F 表示预付年金终值，A 表示年金，i 表示利率，n 表示期数。"$[(1+i)^{n+1}-1]\div i-1$" 称为预付年金终值系数。由于预付年金和普通年金之间就是付款时间不同，但付款期数是相同的，预付年金终值比普通年金终值多计算一期的利息，所以可在普通年金终值的基础上乘以"$1+i$"来计算出预付年金终值。计算时，可直接查询年金终值系数表。

【案例9-10】已知预付年金求预付年金终值

2020 年 11 月，某公司决定向其参与的某投资项目投入资金，连续投入 5 年，每年投资额均为 20.00 万元。第一年初（即 2020 年 11 月）开始投入资金，已知投资收益率为 6%，那么到第 5 年末（即 2025 年 11 月），公司的投资本金及收益的总和共有多少？

通过查询年金终值系数表可知，期数为 5，收益率为 6% 时，年金终值系数为 5.637，那么计算如下：

预付年金终值=200 000.00×5.637×（1+6%）=1 195 044.00（元）

如果是直接计算，则

预付年金终值=200 000.00×$\{[(1+6\%)^6-1]\div 6\%-1\}$=1 195 063.71（元）

由于直接查询年金终值系数表计算预付年金终值时使用的系数是已经过四舍五入后的数据，所以算出的终值与直接计算的终值有差异，但并不影响正常学习。

由案例计算结果可知，该公司的这项投资项目如果采用预付投资款的方式进行投资，则 5 年后的投资本金和投资收益之和约为 1 195 044.00 元，即获取投资收益约 195 044.00 元（1 195 044.00−200 000.00×5）。

预付年金现值是指一定时期内每期期初收付款项的复利现值之和，其原理如图9-4所示。

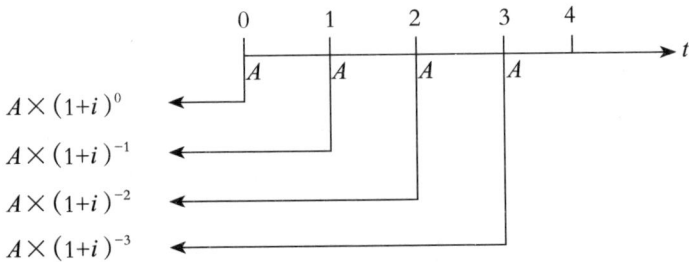

图9-4 预付年金现值

由图可知，预付年金现值的计算公式如下：

$$P=A \times (1+i)^0+A \times (1+i)^{-1}+A \times (1+i)^{-2}+\cdots\cdots+A \times (1+i)^{-(n-1)}$$

$$P=A \times \{[1-(1+i)^{-(n-1)}] \div i+1\}$$

上述公式中，P 表示预付年金现值，A 表示年金，i 表示利率，n 表示期数，"$[1-(1+i)^{n+1}] \div i+1$" 称为预付年金现值系数。同理，预付年金现值比普通年金现值少折算一期利息，因此可在普通年金现值的基础上乘以"$1+i$"来计算出预付年金现值。计算时，可直接查询年金现值系数表。

【案例9-11】已知预付年金求预付年金现值

2020年11月，某公司决定向其参与的某投资项目投入资金，连续投入5年，每年投资额均为20.00万元。第一年初（即2020年11月）开始投入资金，已知投资收益率为6%，那么公司的投资本金及收益的总和折算到现在的价值是多少呢？

通过查询年金现值系数表可知，期数为5，收益率为6%时，年金现金系数为4.212，那么计算如下：

预付年金现值=200 000.00×4.212×（1+6%）=892 944.00（元）

如果是直接计算，则

预付年金现值=200 000.00×{[1−（1+6%）$^{-4}$]÷6%+1}=893 021.12（元）

由案例计算结果可知，该公司连续 5 年进行的等额投资，其投资本金和投资收益的总和，折算为现值约有 892 944.00 元。

六、计算递延年金的终值和现值

递延年金即延期年金，指在最初若干期没有收付款项的情况下，后面若干期等额的系列收付款项。递延年金是普通年金的特殊形式。

递延年金终值的计算方法与普通年金终值的计算方法类似，其终值大小与递延期无关，原理如图 9-5 所示。

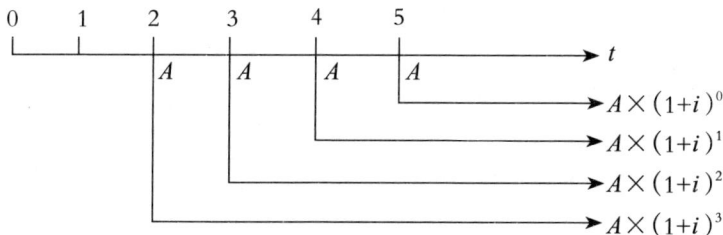

$$0 \quad 1 \quad 2 \quad 3 \quad 4 \quad 5 \qquad t$$

$$A \quad A \quad A \quad A$$

$$A \times (1+i)^0$$
$$A \times (1+i)^1$$
$$A \times (1+i)^2$$
$$A \times (1+i)^3$$

图 9-5　递延年金终值

通常，用 m 表示递延期数，在上图中，递延期为 1。由于终值不涉及递延期问题，所以递延年金终值的计算公式如下：

$$F=A \times (1+i)^{n-1}+A \times (1+i)^{n-2}+\cdots\cdots+A \times (1+i)^0$$

$$F=A \times [(1+i)^n-1] \div i$$

上述公式中，F 表示递延年金终值，A 表示年金，i 表示利率，n 表示发生收付款项的期数。在同样的条件下，计算递延年金的终值。

【案例9-12】已知递延期和年金求递延年金终值

2020 年 11 月，某公司决定向其参与的某投资项目投入资金。假设在第二年末才开始投入资金，连续投入 4 年，每年投资额均为 20.00 万元。收益率为 6%，则公司第 5 年末投入最后一笔投资款后所有投资额的终值有多少？

分析可知，这一投资活动的递延期为 1 年，发生收付款的期数为 4 年，那么计算如下：

递延年金终值=200 000.00×[（1+6%）^{4}-1]÷6%=874 923.20（元）

由案例计算结果可知，该项投资的终值为 874 923.20 元，即投资本利和为 874 923.20 元，投资收益共 74 923.20 元（874 923.20-200 000.00×4）。

递延年金现值指若干期后每期期末收付等额款项的现值之和，其现值大小与递延期数有关。原理如图 9-6 所示。

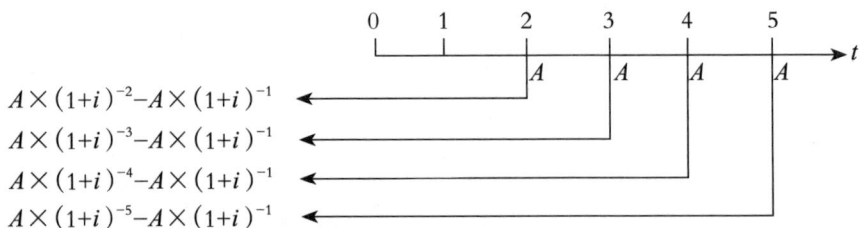

图 9-6　递延年金现值

实务中，递延年金现值的计算方法有两种：一是先把递延年金看作 n 期普通年金，计算出递延期期末的现值，然后将已计算出的现值折现到第一期期初，计算公式如下：

$$P=A×[1-(1+i)^{-n}]÷i×(P/F,\ i,\ m)$$

公式中的 m 为递延期，（P/F，i，m）为复利现值系数。

二是先计算出（m+n）期的年金现值，然后计算 m 期的年金现值，最后用（m+n）期的年金现值扣减 m 期的年金现值，即可得出 n 期的年金现值。计算公式如下：

$$P=A\times[1-(1+i)^{-(m+n)}]\div i - A\times[1-(1+i)^{-n}]\div i$$

实务中，为了运算更简便，将上述计算公式直接用年金现值系数表示，变形如下：

$$P=A\times(P/A,\ i,\ m+n)-A\times(P/A,\ i,\ m)$$

【案例9-13】已知递延期和年金求递延年金现值

2020 年 11 月，某公司决定向其参与的某投资项目投入资金。假设在第二年末才开始投入资金，连续投入 4 年，每年投资额均为 20.00 万元。收益率为 6%，则公司 5 年后的投资本金和投资收益总和，折算到现在的价值有多少呢？

分析可知，这一投资活动的递延期为 1 年，发生收付款的期初为 4 年。查询复利现值系数表可知，期数为 1 年，收益率为 6% 的复利现值系数为 0.943。那么，用第一种方法计算可得：

递延年金现值=200 000.00×[1-（1+6%）$^{-4}$]÷6%×0.943=653 518.92（元）

用第二种方法，查询年金现值系数表可知，期数为 5 年，收益率为 6% 的年金现值系数为 4.212，期数为 1 年，收益率为 6% 的年金现值系数为 0.943，计算可得：

递延年金现值=200 000.00×[1-（1+6%）$^{-5}$]÷6%-200 000.00×[1-（1+6%）$^{-1}$]÷6%=842 472.76-188 679.25=653 793.51（元）

递延年金现值=200 000.00×4.212-200 000.00×0.943=653 800.00（元）

由案例计算结果可知，该公司以递延年金方式投资的项目，在 5 年后的投资本金和投资收益，折算到现在的价值大概为 653 518.92 万元。

七、计算永续年金

永续年金指无限期等额收付的款项，即特种年金，是普通年金的又一特殊形式。由于无限期代表了没有终止时间，所以永续年金通常不需要计算终值。由普通年金现值的计算公式"$P=A \times [1-(1+i)^{-n}] \div i$"可知，当 n 趋近于无穷大，即 $n \to \infty$ 时，$(1+i)^{-n}$ 就趋近于 0，此时永续年金现值的计算公式就可变形如下：

$$P=A \div i$$

永续年金现值的计算一般用在企业价值评估和企业并购活动中。下面来看一个简单的案例。

【案例9-14】已知年金求永续年金现值

某公司有一项每年年底都会发生收益的投资，收益率为 7%，如果要求每年的收益均达到 5.00 万元，则永续年金现值（即投入本金）是多少？

永续年金现值=50 000.00÷7%=714 285.71（元）

如果每年收益在每年年初时支付，则

永续年金现值=50 000.00+50 000.00÷7%=764 285.71（元）

八、计算债券收益率

债券收益率是债券投资每年产生的收益总额与投资本金总额之间的比

率，它主要有三种类型，见表9-1。

表9-1 债券收益率的类型

类型	解释
当期收益率	又称直接收益率，指带息债券的利息收入对应的收益率。债券利息通常每年支付两次，占公司债券产生收益的大部分
到期收益率	又称最终收益率，也是投资购买国债的内部收益率，即可使投资购买债券获得的未来现金流量现值等于债券当前市场价格的贴现率
提前赎回收益率	债券发行人在债券规定到期日前赎回债券时投资人获取的收益率

不同类型的债券收益率，其计算公式是不同的，具体内容如下：

债券当期收益率=债券的年利息÷债券当前的市场价格×100%

债券的年利息=债券面额×票面收益率

债券当期收益率没有考虑债券投资获得的资本利得或损失，只是衡量债券在一定时期内获得的现金收入与债券价格的比值。

债券到期收益率=持有到期所获收益总额（含全部利息）÷（债券当前市场价格×总期数）×100%

债券到期收益率是按照当前市场价格购买且一直持有到期满时可以获得的年平均收益率。

债券提前赎回收益率=债券持有期间收益率=（出售价格−购入价格+持有期间总利息）÷（购入价格×持有期间）×100%

实务中，债券收益率通常按复利计算，通用的计算公式如下：

$$P=I\times(P/A,\ i,\ n)+M\times(P/F,\ i,\ n)$$

这一公式中，P 代表债券投资现值，常用购入价格表示；I 标示票面利息；P/A 表示每年付等额利息，与年金概念有关；M 表示债券面值；P/F 表示到期偿还的本金的现值；i 表示贴现率，即通常所说的市场利率；n 表示年份或期数。下面通过具体的案例学习债券收益率的计算。

【案例9-15】计算不同的债券收益率

2020 年年初，某公司以 40.00 万元的价格购买了一些国债，每张面值 1 000.00 元，共 400 张，期限为 5 年。已知该国债的票面利率为 8%，每年付息两次，计算不同情形下的债券收益率。

①假设债券当前价格为 40.50 万元，计算债券当期收益率。

债券的年利息=400 000.00×8%=32 000.00（元）

债券当期收益率=32 000.00÷405 000.00×100%=7.90%

②假设到期时债券价格为 40.80 万元，中途没有任何转让收入，计算债券到期收益率。

持有到期所获收益总额=32 000.00×5+408 000.00−400 000.00=168 000.00（元）

债券到期收益率=168 000.00÷（408 000.00×5）×100%=8.24%

③假设公司在债券还未到期时就进行了赎回，出售价格为 40.30 万元，总共持有时间为 3 年，计算债券提前赎回收益率。

持有期间总利息=32 000.00×3=96 000.00（元）

债券提前赎回收益率=（403 000.00−400 000.00+96 000.00）÷（400 000.00×3）×100%=8.25%

九、确定债券的转换比率

债券的转换比率指一份债券可以转换为多少股份，其计算公式如下：

$$债券转换比率=债券面值÷转换价格$$

$$债券转换比率=股票数÷可转换债券数$$

【案例9-16】计算债券的转换比率

某公司 2020 年 10 月发行了一轮债券，均为可转换债券。已知每份债券的面值为 1 000.00 元，进行转换时，普通股的每股价格为 60.00 元，求债券转换比率。

债券转换比率=1 000.00÷60.00=16.67

如果债券共 400 张，用另一种方法计算债券转换比率。

股票数=1 000.00×400÷60.00=6 666.67（股）

债券转换比率=6 666.67÷400=16.67

股份公司中，可转换债券或优先股票的持有者，享有在指定时期内，把他们持有的可转换债券，或优先股票转换成一定数量的本公司发行的普通股的特权。但这种特权只有在规定时效内有效。

十、计算公司债券资本的成本率

对企业来说，资本成本率指企业用资费用与有效筹资额之间的比率，常用百分比表示。债券资本成本率就是债券票面年利息与有效筹资额之间的比值，计算公式如下：

$$债券资本成本率=债券面值×票面利率×(1-企业所得税税率)÷[债券发行价格×(1-发行债券的手续费率)]×100\%$$

下面通过一个案例学习债券资本成本率的计算。

【案例9-17】计算债券资本成本率

某公司在 2020 年 10 月发行了一轮面值总额为 200.00 万元的公司债券，总发行价格为 210.00 万元。该批债券的有效期为 5 年，票面利率为 9%，每年付息一次。已知公司发行债券时手续费率为 3%，企业适用的企业所得税税率为 25%。计算债券的资本成本率。

债券资本成本率 =2 000 000.00×9%×（1−25%）÷[2 100 000.00×（1−3%）]×100%=6.63%

上述案例中，公司发行债券显然是溢价发行。如果公司平价发行债券，则债权资本成本率的计算结果又会不同。

债券资本成本率 =2 000 000.00×9%×(1−25%)÷[2 000 000.00×(1−3%)]×100%=6.96%

十一、证券投资组合的预期收益率

证券投资组合就是多个证券项目形成的证券组合项目，当企业进行证券组合投资时，会将投资资金分别投入到若干种不同的证券资产中，如股票、债券或证券衍生产品。

证券投资组合的形成，是为了降低证券投资风险的同时，还能确保证券投资的盈利性、流动性和安全性。因为证券投资具有很多风险因素，一旦单独投资某种证券，在遭受风险时就是绝对风险，而证券投资组合可以分散这种绝对风险，使总的证券投资中，有的在亏损，有的在盈利，达到平衡状态，减少亏损。

那么，证券投资组合的期望收益率怎么确定呢？计算公式如下：

$$预期收益率 = \sum_{i=1}^{n} P_i R_i$$

在上述公式中，P_i 表示证券投资组合中各证券投资项目所占的比例，R_i 表示证券投资组合中各证券投资项目自身的预期收益率。

下面通过一个案例来学习如何计算证券投资组合的预期收益率。

【案例9-18】计算证券投资组合的预期收益率

某公司 2020 年年底决定投资两只股票和一种债券，形成一个证券投资组合，以达到获取投资收益并分散风险的目的。已知两只股票和一只债券的预期收益率以及投资占比情况见表 9-2。

表 9-2　证券投资组合中各投资项目的期望收益率和占比情况

投资项目	预期收益率	投资占比
股票 1	6%	40%
股票 2	11%	30%
债券 3	5%	30%

证券投资组合的预期收益率=6%×40%+11%×30%+5%×30%=7.20%

从上述案例的计算过程和已知条件来看，证券投资组合中各投资项目的投资占比不同，会导致最终计算得出的证券投资组合预期收益率不同。比如股票 1 的投资占比变为 45%，股票 2 的投资占比为 25%，债券 3 的投资占比为30%，则证券投资组合预期收益率 =6%×45%+11%×25%+5%×30%=6.95%。

注意，企业不能一味地追求高的预期收益率，因为高收益往往伴随着高风险，所以企业在通过计算预期收益率来选定证券投资组合时，还需要考虑预期收益率的方差和标准差。

十二、计算投资收益的离散程度

离散程度指通过随机地观测变量各个取值之间的差异程度，来衡量风险大小的指标。投资收益的离散程度主要是指证券投资组合中各投资项目的预期收益率的差异程度。

离散程度常用方差和标准差表示，标准差越大，说明企业无法实现当前预期收益率的可能性越大。这就是接下来要介绍的投资收益的离散程度。

方差和标准差的计算公式如下：

$$预期收益率方差\ (\sigma^2) = \sum_{i=1}^{n} (R_i - 预期收益率)^2 \times P_i$$

$$预期收益率标准差\ (\sigma) = \sqrt{\sum_{i=1}^{n} (R_i - 预期收益率)^2 \times P_i}$$

根据上一小节案例中的相关数据，计算两种证券投资组合的预期收益率方差和标准差。

【案例9-19】计算证券投资组合的预期收益率离散程度

某公司 2020 年年底决定投资两只股票和一种债券，形成一个证券投资组合，以达到获取投资收益并分散风险的目的。已知两种证券投资组合的相关情况见表 9-3。

表 9-3　两种证券投资组合中各投资项目的期望收益率和占比情况

投资项目	第一种		第二种	
	预期收益率	投资占比	预期收益率	投资占比
股票 1	6%	40%	6%	45%
股票 2	11%	30%	11%	25%
债券 3	5%	30%	5%	30%

①第一种证券投资组合的预期收益率方差与标准差。

预期收益率方差=（6%-7.2%）^{2}×40%+（11%-7.2%）^{2}×30%+（5%-7.2%）^{2}×30%=0.000636

预期收益率标准差=$\sqrt{0.000636}$=2.52%

②第二种证券投资组合的预期收益率方差与标准差。

预期收益率方差=（6%-6.95%）^{2}×45%+（11%-6.95%）^{2}×25%+（5%-6.95%）^{2}×30%=0.00056474

预期收益率标准差=$\sqrt{0.00056474}$=2.38%

因为 2.38% ＜ 2.52%，也就是说，第二种证券投资组合的预期收益率不能实现的可能性要比第一种的小。换句话说，第二种证券投资组合的预期收益率更容易实现。在两种证券投资组合的预期收益率相差不大的情况下，选择第二种组合所面临的风险会更小。

当然，实务中通过对不同投资项目的投资占比进行科学的调整，也会产生出预期收益率高，且标准差又较小的证券投资组合，此时企业就可以在承担相对较小风险的同时获取较高的投资收益。

十三、计算投资者关心的资产必要收益率

必要收益率又称最低报酬率或最低要求收益率，资产必要收益率就是投资者对某资产合理要求的最低收益率。它主要包括无风险收益率和风险收益率，计算公式如下：

资产必要收益率=无风险收益率+风险收益率

如果市场是平衡的，则上述计算公式直接为"资产必要收益率＝无风险收益率"。在财务管理中，一般将上述计算公式进行如下变形：

$$R=R_f+\beta\times(R_m-R_f)$$

上述计算公式中，R 表示资产的必要收益率；R_f 表示无风险收益率；β 表示资产的风险系数；R_m 表示市场组合收益率，即市场报酬率。

下面就通过一个具体的案例来学习如何计算资产组合的必要收益率。

【案例9-20】计算资产的必要收益率

某公司为了拓展其收益的渠道，购买了另一家公司发行的股票，公司将其确认为长期股权投资。已知该笔资产的风险系数为1.80，市场中国库券的利率为4.2%，股票市场的平均收益率为5.4%。计算公司长期股权投资在这样的环境下的必要收益率是多少？

长期股权投资的必要收益率＝4.2%＋1.80×（5.4%－4.2%）＝6.36%

从案例计算结果可知，该公司进行长期股权投资时，对该项投资的最低收益率要求为6.36%，如果低于6.36%，则公司很可能亏损；反之，会获利。

十四、计算投资的预期收益率

计算投资的预期收益率，其原理其实与计算证券投资组合的预期收益率类似。每一项投资都可以预估其可能的投资收益率，不同的投资收益率实现的概率显然是不同的。通过不同的投资收益率和其对应可能实现的概率，就可算出某项投资的大概预期收益率。计算公式如下：

$$预期收益率=\sum_{m=1}^{n}P_mR_m$$

【案例9-21】计算某项投资的预期收益率

2020年11月底,某公司管理层看中了两个投资项目,但由于资金问题只能选择其中一个。为了更科学地估算两个投资项目的预期收益率,公司财会人员将两个投资项目的有关数据进行了统计,见表9-4,并进行了计算分析。

表9-4 计算并比较投资项目的预期收益率

项目收益好坏	项目A		项目B	
	投资收益率	实现的概率	投资收益率	实现的概率
好	12%	30%	15%	25%
一般	8%	50%	9%	45%
差	6%	20%	−6%	30%

项目A的预期收益率=12%×30%+8%×50%+6%×20%=8.8%

项目B的预期收益率=15%×25%+9%×45%+(−6%)×30%=6%

从案例计算结果可知,虽然项目A在运营效果好的时候的投资收益率低于项目B,但项目A还存在经营不好会亏损的情况,导致最终项目B的预期收益率还比项目A的低。因此,该公司选择项目A进行投资会更好。当然,如果管理者还觉得这样比较得出的结论不够准确,还可利用预期收益率标准差来判断两个投资项目的投资收益率离散程度,从而分析出哪一个项目的投资风险更低,然后综合判断并选择适合的投资项目即可。

读 者 意 见 反 馈 表

亲爱的读者：

感谢您对中国铁道出版社有限公司的支持，您的建议是我们不断改进工作的信息来源，您的需求是我们不断开拓创新的基础。为了更好地服务读者，出版更多的精品图书，希望您能在百忙之中抽出时间填写这份意见反馈表发给我们。随书纸制表格请在填好后剪下寄到：北京市西城区右安门西街8号中国铁道出版社有限公司大众出版中心 王佩 收（邮编：100054）。此外，读者也可以直接通过电子邮件把意见反馈给我们，E-mail地址是：505733396@qq.com。我们将选出意见中肯的热心读者，赠送本社的其他图书作为奖励。同时，我们将充分考虑您的意见和建议，并尽可能地给您满意的答复。谢谢!

所购书名：_____

个人资料：

姓名：_____ 性别：_____ 年龄：_____ 文化程度：_____

职业：_____ 电话：_____ E-mail：_____

通信地址：_____ 邮编：_____

您是如何得知本书的：

□书店宣传 □网络宣传 □展会促销 □出版社图书目录 □老师指定 □杂志、报纸等的介绍 □别人推荐
□其他（请指明）_____

您从何处得到本书的：

□书店 □邮购 □商场、超市等卖场 □图书销售的网站 □培训学校 □其他

影响您购买本书的因素（可多选）：

□内容实用 □价格合理 □装帧设计精美 □带多媒体教学光盘 □优惠促销 □书评广告 □出版社知名度
□作者名气 □工作、生活和学习的需要 □其他

您对本书封面设计的满意程度：

□很满意 □比较满意 □一般 □不满意 □改进建议

您对本书的总体满意程度：

从文字的角度 □很满意 □比较满意 □一般 □不满意
从技术的角度 □很满意 □比较满意 □一般 □不满意

您希望书中图的比例是多少：

□少量的图片辅以大量的文字 □图文比例相当 □大量的图片辅以少量的文字

您希望本书的定价是多少：

本书最令您满意的是：

1.
2.

您在使用本书时遇到哪些困难：

1.
2.

您希望本书在哪些方面进行改进：

1.
2.

您需要购买哪些方面的图书？对我社现有图书有什么好的建议?

您更喜欢阅读哪些类型和层次的书籍（可多选）?

□入门类 □精通类 □综合类 □问答类 □图解类 □查询手册类

您在学习计算机的过程中有什么困难?

您的其他要求：